書田拾穗

一个出版人的阅读和编辑手记

刘逸 著

海南出版社
·海口·

自　　序

　　古人以耕田喻读书，故宋人王迈有诗云："愿子继自今，书田勤种播。"

　　对于我这个已在出版业耕耘廿余载，且又有点阅读经历的人来说，"书田"是一个很有意味的词语——她让人联想到那一望无垠的书的田野，其中弥漫着迷人的书香。而我，就是那个在书田边上行走，总希望拾到些许稻穗的人。

　　故而这个小册子，名之为"书田拾穗"。

　　书中所收习作，合为四小辑，原则上按写作或发表的时间排列，个别篇幅长一点的，则列于辑后。特此说明。

刘　逸

2019 年 4 月 25 日

目　录

第一辑　出版者说 / 001

关于文史图书策划的几个问题 / 003

试论编辑力 / 009

图书走红要让知识普及搭车

——从《百家讲坛》得到的启示 / 017

从书评可以窥探的世界 / 023

文史图书策划三题 / 030

出版中的模仿和创新 / 040

日本人的出版精神 / 044

铭记三联的出版文化 / 049

编辑力

——从中国近现代出版人的理念和实践谈起 / 054

《琼崖文库》与海南文化建设 / 063

网络著作权的法律保护研究

——以图书出版为视角 / 068

第二辑 书里书外 / 101

闲话海南文化与海南旅游业 / 103

关于旧书摊 / 105

书目的诱惑 / 107

左拉两字怎么写?
——从"减负"谈中小学生的课外阅读 / 109

《世界 100 位文学大师排行榜》出版说明 / 112

《世界探险史》编辑手记 / 114

关于史铁生——以及他的《合欢树》/ 116

咏史诗里的中国风景 / 120

西楚霸王失败的性格原因
——从关于项羽的几首咏史诗说起 / 128

好书与好烟 / 135

海南"军坡节"文化寻根 / 137

又美又酷的海南饮食文化 / 145

关于《要塞》的人与事 / 155

斯德哥尔摩：一个雨天的事 / 159

第三辑 闲读偶记 / 165

人文世界的守护者
——读陆键东《陈寅恪的最后 20 年》/ 167

园林艺术的奥秘
——读刘天华《画境文心：中国古典园林之美》/ 169

英雄的意义
——读斯蒂芬·茨威格《人类的群星闪耀时》/ 171

闲读偶记 / 173

感受期待的力量 / 175

解读电影英雄
——读约翰·巴克斯特《斯皮尔伯格：一个好莱坞电影人的传奇》/ 177

正义与勇气（二题）/ 179

麦克·哈特的意义
——读麦克·哈特《影响人类历史进程的 100 名人排行榜》/ 181

灵魂需要爱
——读托马斯·摩尔《心灵书》/ 183

体验耶鲁
——读叶舒宪《耶鲁笔记》/ 185

这些"永恒不朽的语言形式"
——读威廉·戈登《作家箴言录》/ 187

调情是一种生活态度
——读布里吉特·布森克普夫《调情的艺术》/ 189

那些屋子，那些灯火
——读凯罗儿·特金顿《成功女性箴言录》/ 191

卧虎藏龙的江湖
——读大卫·波德威尔《香港电影的秘密》/ 193

黑暗而明亮的前路
——读比尔·艾文《山径之旅》/ 196

关于书架的文化史
——读亨利·彼得洛斯基《书架的故事》/ 198

性感：在文化的"闲庭"中信步
——读江晓原《性感：一种文化解释》/ 200

解密"伟大的编码"
——读叶舒宪《〈圣经〉比喻》/ 203

人生哲思来自飞行中的游吟诗人
——读圣埃克苏佩里《要塞》/ 205

罗兹·墨菲和他的"季风亚洲"
——读罗兹·墨菲《亚洲史》/ 207

将探险进行到底
——读约·彼·马吉多维奇《世界探险史》/ 209

大师视野中的名著
——读刘光前主编《你应该读的书：37位文学大师推介的70部文学经典》/ 212

扶桑国的近代嬗变
——读詹姆斯·L.麦克莱恩《日本史》/ 214

第四辑　读沈从文 / 217

为有源头活水来
——《从文自传》散论 / 219

读《萧萧》/ 225

静穆的沈从文 / 228

因宁静而致远 / 230

旧沅水上的悲哀旧事

——读沈从文《丈夫》/ 232

乡俗批评

——沈从文创作的一个侧面 / 234

从沈从文的创作看其妇女观 / 240

和谐美的探掘

——论沈从文的乡土小说 / 251

第一辑
出版者说

关于文史图书策划的几个问题

一、关于《走向世界丛书》

《走向世界丛书》是20世纪80年代的一套湘版图书,它的出版在当时的出版界、文化界以及广大读者中产生过巨大的影响。李一氓先生说它是"出版界的一巨大业绩"。对于这套丛书以及它的主编钟叔河先生所做的工作,钱锺书先生的评价是:"叔河同志正确地识别了这部分史料的重要,唤起了读者的注意,而且采访发掘,找了极有价值而久被湮没的著作,辑成《走向世界丛书》,给研究者以便利。这是很大的成绩。"一些著名作家、出版家如萧乾、陈原等人,都撰文对这套书的出版给予很高的评价。

《走向世界丛书》收录了1911年以前国人在欧美和日本的游历,包括旅行记、日记、叙事诗等各种体裁的作品。如:郭嵩焘的《伦敦与巴黎日记》、梁启超的《新大陆游记及其他》、钱单士厘的《癸卯旅行记·归潜记》、曾纪泽的《出使英法俄国日记》等等。在一般的出版者看来,这些作品已经"过时"了,没有出版价值了。可是,钟叔河先生"眼光普照"。经由他的整理和发掘,读者看到了鸦片战争失败后,一些具有先进思想的中国人,开始到西方国家寻求真理的心路历程。他们对世界的观察和感悟,给当时的国人提供了了解世界的窗口。20世纪80年代,中国人再一次走向世界。《走向世界丛书》的出版意义可想而知。

20年过去了，当年的读者仍对这套丛书怀有深刻的印象。最近，中国社会科学院外文所学者陆建德先生在《新京报》撰文，提及他重读《走向世界丛书》时"感触很多"。他引用"丛书"作者之一张德彝写的一些异邦小事，说"这套丛书所收著作在19世纪末20世纪初大开国人眼界，同时又让读者意识到，身边很多习以为常的'小事'都是值得关注和检讨的。时至今日，这套丛书读来依然具有让人不安的力量"。

最近，笔者了解到，一些出版社正在与钟叔河先生联系，打算再版《走向世界丛书》。一套丛书能产生如此重大的影响，有如此的生命力，不能不引发人们思考。而在同为出版从业人员的笔者看来，它能引发人们思考的更多的是有关文史图书的策划问题。

二、浮躁，使我们忽视了很多有出版价值的作品

2004年夏，笔者在"北京人艺"的一家小书店里看到英国作家包斯威尔的《约翰逊传》（中国社会科学出版社2004年1月出版）。这本书可谓是人类历史上最有特色的人物传记了。美国著名文学派史家丹尼尔·J.布尔斯廷在他的力作《创造者：富于想象力的巨人们的历史》中重现了人类3000多年来的文化艺术成就，生动地描述了"创造者"创造璀璨文化，丰富人类世界的哲学、戏剧、文学、建筑、绘画、雕塑、音乐等领域的过程，其中，以富有激情的笔触再现了包斯威尔创造《约翰逊传》的历史。

尽管熟悉英美文学的现当代作家、学者屡屡提及这本书在世界文学史上的地位，但是，这部巨著直到2004年才在中国大陆

推出，还是显得太晚了！而且，笔者注意到，在大陆推出的中译本即是台湾在20世纪70年代推出的译本（罗珞珈、莫洛夫译）。

这部名著被忽视的背后隐藏着这样的现实：浮躁，使我们忽视了很多有出版价值的作品。在出版界，人们以十足的热情去追逐新东西，又以十足的热情去"跟风"畅销的东西。比如，一本《谁动了我的奶酪》出来后，就引出了《我的奶酪谁动了》《谁也别动我的奶酪》等数十本"奶酪"图书；《河南人惹谁了》畅销之后，又有了《河南人谁也没惹》《河南人怎么了》等跟风图书。由于生存，由于"效益"的压力，很多编辑忙着追逐，于是，一些有意义的"旧东西"就自然而然地被忽视了。《走向世界丛书》是能给人很多启发的——在当时的"新形势"下，钟叔河先生能在"旧书堆"里发现它们的"新意义"，体现了他作为一位出版家的独到的眼力。

当然，在旧书堆里开发出有出版价值的作品的例子还有不少。海南出版社在2004年推出的《光荣与梦想》也是一个成功的例子。这部书的中译本在20世纪70年代就由商务印书馆出版过，很多读者对它怀有深刻的印象。（记者出身的畅销书作家凌志军就学习了该书作者威廉·曼彻斯特的写作手法，写出了《十年》。）此书甫一推出，就在读者中产生很大的影响。

《走向世界丛书》体现了出版家的素养，更体现了出版家的耐心。而耐心，正是很多出版人所缺少的。

三、我国的读者需要"刺激"和引导

2000年，百花文艺出版社推出"20世纪四大人物传记"：朱东润的《张居正传》、梁启超的《李鸿章传》、林语堂的《苏东坡

传》、吴晗的《朱元璋传》。按理说，这些都已经是在图书市场上反复出现的出版物了，应该不会有多少读者再去关注它们。但事实上，这几本书在市场上的反馈还很不错，每一本都有几万册的印数。以现在的社科书的市场形势来看，可谓畅销了。它们能够更多地走向读者的原因在哪儿？笔者认为，在于出版者以"20世纪四大人物传记"来定位这几本书以"刺激"读者和引导读者，而"刺激"和引导则是图书走向读者的一个重要因素。

我国虽然人口众多，但是，作为"读者"的群体相对于总人口的比例还是太小了。一项调查显示，在我国，平常有阅读习惯的人群只占人口总数的百分之五。这种情况对图书的销售当然不利，它同时还导致了另外一个结果，那就是：很多读者对书的质量缺乏判断力。北京某出版社出版的一套文学名著前几年在图书市场上的热销就很能说明这个问题。从翻译的角度上讲，这套书在质量上不但难以与人民文学出版社出版的"名著名译"相比，而且有些文学经典被翻译得很差。它之所以"赢得读者"，是因为除了价格便宜的因素外，读者对这套书的质量缺乏了解。当一些对图书缺乏判断力的读者走进一家家汗牛充栋的书店时，他们其实很希望能得到一些书的信息，他们需要得到一种引导。再回到上面提到的"20世纪四大人物传记"的例子，假若是一位喜欢读传记的读者走进书店，那么，他必定会注意到"20世纪四大人物传记"这条文案，从而选择购买这套丛书。

所以说，我国的读者是需要"刺激"和引导的。一名策划编辑，在把一套书或一本书推向读者之前，就应该想到如何让读者认识这套书或这本书，同时应该想到健康地"刺激"和引导读者的方案。这样，才能使图书走向更多的读者。钟叔河先生当时就是用"走向世界"很好地"刺激"和引导读者，使得《走向世界丛书》在当时产生了非凡的社会影响。

四、用"线"把有意义的作品连起来

钟叔河先生主编的《走向世界丛书》体现出版家视野之处，就是他用"线"把有意义的作品连起来了。如果说丛书中的那些单本作品是一个个珠子的话，那么可以说，是钟叔河先生用"线"把它们连在一起了。这条"线"，就是"走向世界"。这条"线"不但使这套书走向了更多的读者，而且使 20 世纪 80 年代的读者看到了 19、20 世纪之交的国人走出国门的感受，给当时的读者带来很有意义的启发。

人民文学出版社出版了很多翻译大家翻译的世界文学名著，该社用"名著名译"这条"线"把它们连起来了。笔者本人受这条"线"的引导，购买了这套书中的大部分作品：毕竟，读"名著"，还是得读"名译"才行啊。百花文艺出版社的"20 世纪四大人物传记"也是一条"线"。暂且不论"四大"的说法是否正确，但不能否认，这条"线"还是促使这套书走向读者的一个重要因素。

现在，但凡出版界的同行见面，难免会感慨图书市场之艰难。自然，相对于"书荒时代"，现在的出书量、出书品种都大大地增加了，读者的选择面大了，他们不会再像从前那样对每一种书都如此热衷。社会在不断地发展，出版业自然也不例外。纵然"书荒时代"的图书能"大量"地走向读者，但那时候的图书市场机制毕竟是不健全的。这些年来，中国出版业的发展是有目共睹的，"书荒时代"不应该为出版人所怀念。其实，策划编辑应该更多地想到自己的优势：我国本身有很大的读者群，还有更大的待"刺激"、待引导的潜在的读者群，只要潜下心来，认真策划，一定能够推出"双效"作品。

在想着如何发展，想着向前看的时候，回过头去看看出版界从前的一些成功案例，还是能得到一些有意义的启迪的。从钟叔河先生主编的《走向世界丛书》，笔者想到了这些。

（原载《中国文化报》2006年8月25日）

试论编辑力

何为出版？出版何为？这是很多出版人都在不断思考的问题。毕竟，相对于以前出版业的"幸福时代"，今天的出版人面临的问题很多，要考虑的问题也很多。在这方面，日本的出版人做了有意义的调查工作，也写出了有代表性的论著。小林一博的《出版大崩溃》、长冈义幸的《出版大冒险》都在出版业产生了"地震"效应，引发了人们对出版业的深深思考。

既然人们对出版业有"大崩溃"的忧虑，出版业又有"大冒险"之说，那么，出版行业的编辑应该具备哪些素质，才能在出版业告别"幸福时代"的今天有所作为？这同样是很多人都在思考的问题。

日本出版人鹫尾贤也在他推出的《编辑力——从创意、策划到人际关系》一书中提出了"编辑力"的概念。结合自己多年在颇具影响的讲谈社从事编辑工作的成功经验，作者说，"……编辑的工作范围随着出版环境的变化，而变得更广更大。取材、策划、约稿、催稿、编辑实务、校稿、宣传、发行、联系作者。这一切流程本质上和过去相同，但是每一项工作都不再像过去那样可以随性而为，必须重视时间和成本，在一定的管理下进行"。[①] 无疑地，编辑在整

---

① [日]鹫尾贤也：《编辑力——从创意、策划到人际关系》，陈宝莲译，中国人民大学出版社，2007年，第6页。

个出版流程中体现出的能力,是为编辑力。仅仅是"编编书,看看稿"的所谓编辑工作,是不能体现编辑力的。作者认为,编辑力体现在编辑身上的素质要求是"需要完整独立的人格和适应性"。

这样看来,编辑力是对编辑的素质要求。显然,在网络传媒非常发达,读者的"阅读面"很大(不仅仅受限于出版物),出版业面临众多压力的情况下,出版工作要求编辑有更强的能力。笔者认为,对于当今的编辑,编辑力主要体现在以下几个方面:影响力、凝聚力、创造力和竞争力。

一、编辑力是影响力

对于出版工作,人们奉为圭臬的宗旨就是"传承文明,启迪民智"。

毫无疑问,这始终是编辑从业人员的职责所在。尤其是在我们这个拥有几千年灿烂文化,又有着十几亿人口的大国,"传承"和"启迪"正是出版业的意义之所在。

然而,凭什么来传承?凭什么来启迪?笔者认为,首先凭的就是影响力——编辑工作就是要通过提高所编辑的图书的影响力,达到"传承"和"启迪"的目的。

人类的阅读史,从某种角度上讲就是文化传播者引导读者的历史,而影响力作为编辑力的功能,无疑在其中发挥了重要作用。比如,五四时期对新思想的传播,很大程度上是编辑发挥其影响力的结果。梁启超、陈独秀、胡适、鲁迅、钱玄同等人,在当时就是以编辑的身份,通过他们富有成效的编辑工作,不断壮大自身的影响力去宣扬新思想、新文化的。作为文化传播者,他们凭其影响力所获得的成就,已经被历史所铭记。而作为今天的编辑,我们应当从他们启迪民智、发挥其影响力的编辑工作中提取有意义的经验。

在当代，编辑力就是影响力的案例，J. K. 罗琳的《哈利·波特》系列是最为典型的。在罗琳的作品问世以前，由于受网络、电视的影响，有相当一部分的欧美青少年已经远离书本，没有阅读习惯了。《哈利·波特》的诞生，它的系列的连续推出，以及它在青少年读者中的影响力的不断扩大，在很大程度上改变了这种状况。人们惊讶地发现，《哈利·波特》让很多青少年重新养成了阅读习惯。毫无疑问，这是《哈利·波特》的编辑团队发挥其影响力的结果。

目前，我国的国民阅读状况并不理想。中国出版科学研究所"第四次全国国民阅读与购买抽样调查"报告表明，我国国民阅读率连续 6 年呈下降态势，2007 年首次跌破 50%，全国国民中有读书习惯的只占 5% 左右。自然，阅读率降低是有多种因素的。但不能否认的是，我国有庞大的读者市场，有很大的待启迪，并需要编辑发挥其影响力去引导的群体。其实，我国现在的国民阅读率的低下，跟出版者和编辑们在"影响力"方面的工作缺失还是有很大关系的。作为出版人，作为编辑，我们不能不明白这样的道理：只有通过"影响力"启发读者，"刺激"他们的读书欲望，才能使书籍为读者所接受。

二、编辑力是凝聚力

这是由出版业的性质所决定的。编辑应具有的凝聚力体现在三个方面：同仁、作者、读者。

同仁是共同成就事业的基本。一个精诚合作的编辑团队，自然能创造更多更好的精神产品。

在中国现代出版史上，商务印书馆的成功，得益于它的凝聚力。不论是它的"四大元勋"（张元济、高梦旦、蒋维乔、庄俞），还是"四大创始人"（夏瑞方、鲍咸恩、鲍咸昌、高凤池），都是善于团结同仁的典范。不能否认，在他们合作的过程中曾有意见相左的时候，但是，在大局的问题上，他们的认识是一致的。在商务印书馆服务多年、有"交际博士"之称的黄警顽先生对商务印书馆所具有的凝聚力很有自豪感，他在《我在商务印书馆的四十年》一文中，曾说到"（商务印书馆）内部团结……领导人办事公正，工作人员无须钩心斗角"。编辑在这样的环境里，自然能很好地发挥其才能。当然，编辑也应该明白，创造一个具有凝聚力的工作环境，也是自身职责所在。所以，不论是作为出版机构的领导者的编辑，还是作为非领导者的编辑，都要培养与同事之间的凝聚力。

凝聚力也应体现在编辑与作者的关系之上。出版社是由读者成就的，也是由作者成就的。拥有广大的作者队伍，在作者之中具有凝聚力的编辑，必然会有非凡的业绩。兰登书屋的创办人贝内特·瑟夫之所以取得成功，原因之一在于他与作者之间的凝聚力。他的自传《我与兰登书屋》就记载着他与尤金·奥尼尔、威廉·福克纳、詹姆斯·乔伊斯、杜鲁门·卡波特等人的交往。广泛的作者队伍，就是编辑不断地推出好书的重要条件。毫无疑问，兰登书屋的成就，跟贝内特·瑟夫所培养的作者队伍是有密切关系的。对此，贝内特·瑟夫有深刻的体会，他认为："编辑的最重要职责之一就是努力在维护作者利益和出版社利益之间获得平衡。"①

---

① ［美］贝内特·瑟夫：《我与兰登书屋》，彭伦译，人民文学出版社，2007年，第240页。

这可不是一句随意的话，而是经验之谈。其实，编辑和作者之间的利益是共同的，而不是对立的。那种不尊重作者，对作者隐瞒印数的编辑，不可能在他所从事的出版工作中获得持久的成功。

编辑的凝聚力还体现在与读者的关系上。读者是出版社和编辑的服务对象，所以，出版机构、编辑必须在读者中树立良好的形象。在这方面，邹韬奋先生可谓是编辑的楷模。他在《生活史话》中曾经谈到他主持的生活书店为读者服务的细节："最初的表现是尽心竭力答复广大读者的来信，最盛的时候，有四位同事专门担任拆信与抄信的事情。"[①] 生活书店的热情服务在读者心目中树立了良好的形象，也得到了读者同样热情的回报。由于读者的拥戴，生活书店取得成功是必然的。对此，邹韬奋先生所总结的经验是："'生活书店'的发达，当然有许多主观和客观的条件，但是服务精神，鞠躬尽瘁的服务精神，在千百万读者好友心坎中播下的种子，是最重要的一个因素。这是我们所不能否认的，这是我们所应永远记取，发扬光大的。"[②]

"竭诚为读者服务"如今已成为三联书店的服务宗旨。这是邹韬奋先生作为出版管理者的心得，也是编辑所应该具有的"凝聚力"的重要内容。所以说，一个好的编辑，应当是时时刻刻想着读者，"胸怀读者"的。

[①] 张静庐辑注：《中国近现代出版史料·现代乙编》，上海书店出版社，2003年，第319页。

[②] 汪耀华编：《书道》，上海文化出版社，2005年，第27页。

三、编辑力是创造力

编辑要有创造力，就是要有创新能力。很难想象，一个因循守旧、没有创新精神的编辑会在出版工作中有所作为。西蒙与舒斯特出版社的创办人之一舒斯特对此深有体会。他在《给有志于编辑工作者的一封信》中说："不要盲从当前的时尚和流行，千万不要只想模仿目前的畅销书，而出一本和它差不多的书。你应该创造趋势，而不是盲从趋势。"① 一个优秀的出版机构的创立者，首先必定是一个富有创造精神、永远求新的编辑。舒斯特是一个出版机构的创立者，他的这句话，对很多编辑来说可谓是警句，应当铭记。毕竟，目前的出版界，被舒斯特称为"盲从"的"跟风现象"实在太严重了，"重复出版"层出不穷。而"创造趋势"的创新精神，才是编辑最应该具备的素质。

舒斯特对创造力、对创新精神有深刻的理解，我国近代出版人张元济先生亦然。张先生曾戏言他"生平宗旨以喜新厌旧为事"。回顾张元济的出版之路，可以看到，他始终是一个创造者，一个不断创新的出版者。在他主持商务印书馆期间，不论是在图书的选题方面，还是在提高图书印制质量等方面，他总能不断创造，推陈出新。曾经在商务印书馆工作过的茅盾先生曾经说过，张元济是一位"开辟草莱"的文化传播者。张元济"开辟草莱"的体现，不仅仅在于他打造了一个具有现代出版意义上的大出版社，还在于他的创造精神影响下所产生的无数优秀的商务印书馆

---

① ［美］格罗斯主编：《编辑人的世界》，齐若兰译，中国工人出版社，2000 年，第 31 页。

的精神产品。他的创造精神,无疑就是商务印书馆得以"基业长青"的重要因素。

由此看来,"喜新厌旧"的精神对编辑来说难能可贵。毕竟,这是一种创造力的体现,这是一种创新精神。在今天的出版业,如果编辑们都有"喜新厌旧"的倾向,那么,图书市场上的跟风现象、重复出版现象将会得到扭转,而"创造趋势"的、有意义的出版物则会越来越多。

四、编辑力是竞争力

一个没有竞争力的出版机构难于在出版业立足;一个没有竞争力的编辑,难以胜任其所从事的出版工作。

我国出版业的两大"老字号"——商务印书馆和中华书局,就是在竞争中走过来的。他们的竞争,很大程度上是编辑精神的竞争。当年,中华书局适应新形势,及时推出内容适时的教科书,一举改变了商务印书馆的教科书一统天下的局面。早年的出版人都记得,张元济与陆费逵两位出版大家,为了推出梁启超先生的文集而展开竞争的往事。

黄警顽先生在他回忆商务印书馆的文字中说:"商务印书馆始终不松懈对同业的竞争。中华书局创立后,出书内容比较新,印刷比较快,被目为商务印书馆最大劲敌。"这说明,不论是在图书选题方面,还是在印刷质量方面,商务印书馆和中华书局的竞争都是非常激烈的。今天,商务印书馆和中华书局还在延续它们的辉煌,这与它们本身所具备的竞争力是分不开的。

竞争的结果就是相互提高。竞争,只会让竞争的双方力图做到最好。出版机构如此,编辑亦如此:一个没有竞争力的出版机构不可能凝聚一个好的出版团队；一个没有竞争力的编辑不是一个好编辑。

编辑具备的竞争意识在他的工作中表现为：他让作者对与他的合作感到满意；他对自己所包装的图书感到满意；他能让自己编辑的图书走向更多的读者，而且，还能让读者感到满意。具备了这些因素，就具备了编辑之所以成为编辑的竞争力。他完全可以证明，他可以比别的编辑做得更好——无疑地，作为编辑，他只有具备了在自己的业务范围内做得好、做得出色的基础，才具备竞争力。

（原载《山西农业大学学报·社会科学版》2007年第4期）

图书走红要让知识普及搭车

——从《百家讲坛》得到的启示

自从在央视十套的《百家讲坛》开讲之后，刘心武、阎崇年、易中天、于丹、王立群等作家、学者与《百家讲坛》所讲内容的相应著作也走红书市，如：《刘心武揭秘〈红楼梦〉》《正说清朝十二帝》《明亡清兴六十年》《品三国》《汉代风云人物》《于丹〈论语〉心得》《于丹〈庄子〉心得》《王立群读〈史记〉》等等。其火爆之程度，不亚于在娱乐圈红透半边天的"超级女声"。不知道是出于得意，还是出于对自己"迅速蹿红"的意外，易中天有时候会趣称自己为"学术超男"。

这两三年来，《百家讲坛》所推出的"学术超男"或"学术超女"的著作可谓纵横天下，拥有广大的读者，形成了图书市场上一道道亮丽的风景。

纵然有不少针对这些"学术超男"或"学术超女"的批评，但不能否认的是，《百家讲坛》栏目以及阎崇年、易中天、于丹、王立群们，对知识的普及做了很有意义的工作。学者们通俗易懂的讲解以及同样的写作方式，让观众、读者很轻松地了解和领略了相关文化知识的面貌。可以这么说：他们的拥趸越多，他们的图书越走红，则表明他们对知识的普及面越广，而这本身也越能凸显他们的学者身份的意义。

上述图书走红的话题，就让人想到了出版工作和人们的阅读状况。毫无疑问，普及知识是出版工作的目的之一，《百家讲坛》现象，可以引发人们深入思考有关图书出版与知识普及等问题。

一、我国有很大的读者群，但更大的是"潜在的"读者群

从《百家讲坛》得到这样的启示表面看来毫无意义，但事实并不如此。因为，现在从事图书出版工作的人，有不少已经忽略了这样的事实。

其实，这并不奇怪。这些年来，由于重复出版、跟风现象越来越严重，以及没有出版价值的图书不断地充塞市场，出版物的总体质量下降了。读者们在面对着"书海"时，常常感到无所适从，这直接导致购买力的下降。读者是出版社的生命线——在这种情况下，出版社也就不可避免地面对库存和退货的尴尬境地，亏损在所难免。这样的现实见得多了，感受得多了，经历得多了，编辑们也就不敢对图书市场存有多大的"奢望"。所以，对于图书的销售册数，编辑们无形中形成了这样的习惯性看法（以上架图书为例）：在一般的情况下，一本书卖了5000册，就算"保本"了；卖了10000册，已经有了一定的利润；而到了20000册，就算是畅销书了。

中国是世界上人口最多的国家。但是，人口最多，并不意味着读者最多。有关统计表明，在我国，平时有阅读习惯的人群只占总人口的百分之五。所以，与其说我国有很大的读者群，还不如说我国有更大的"潜在的"读者群。对出版者而言，最重要的问题是：如何让那些不是读者的人口变为作为读者的人口？

笔者做过调查，在购买《百家讲坛》系列读物的读者之中，有不少是以前没有购书习惯、没有阅读习惯的。因此，与其说《百

家讲坛》的系列读物拥有大量读者,还不如说它挖掘了"潜在的"读者群体。《百家讲坛》所催生的畅销书,有的几十万册,有的上百万册,有的甚至几百万册。这就提醒我们:有很多的"潜在的"读者有待于出版者去做启迪工作,去做知识的普及工作。这一点是出版工作的意义所在,也是出版者从事知识普及工作的基点。

明白这一点很重要。然而,这并不等于说把图书推向市场,摆上了书架,就达到普及知识的目的了。出版物的质量如何,以及如何让好的出版物走向更多的读者,都还是出版者应该考虑的。而要考虑图书走向读者的问题,就要思考如何在图书宣传方面下功夫。

二、在知识普及的工作中,引导读者的宣传口号很重要

这里所说的"宣传口号"指的是既能准确地对出版物进行概括、定位,又能启发、引导读者的广告词——此处暂且称之为"关键性话语"。央视十套的《百家讲坛》有一个口号:"百家讲坛,坛坛都是好酒。"借助电视传媒的感召力,以及这个响亮的口号,《百家讲坛》在出版物上的打造非常成功,不论是音像作品,还是相关图书,都极具号召力,拥有很多读者。其中的原因之一,就在于《百家讲坛》在引导读者时,对它的产品有切合实际而又能鼓舞观众、读者的作为宣传口号的"关键性话语"——在给观众提供一个又一个精彩的节目时,《百家讲坛》明确地告诉读者,这个"坛"——"坛坛都是好酒"。

诚然,"坛坛都是好酒"这个"关键性话语"由于《百家讲坛》的出版物在读者中的良好反应,它已经深入人心了。

给图书定位切合图书内容的"关键性话语"在知识的普及工作中之所以很重要，是因为它是引导读者的重要因素。其意义在于：目前的出版物太多了，用什么样的话语来告诉读者某一本书或某一套书的特色是必要的；而且，我国一般读者对图书质量的判断力还不够，需要用"关键性话语"提示他们，引导他们。

这一点在出版界也是有先例的。20世纪80年代，岳麓书社推出"古典名著普及文库"的"关键性话语"就是："用最少的钱，买最好的书。"当时的读者们普遍收入都不高，而对图书的需求又很强烈。这"少的钱"与"好的书"之间的反差，是很能激起读者的购买欲望的。果然，这套书推出后，广受读者欢迎，直到现在还在市场上销售——做到了既畅销，又长销。应该说，它的定位很准，而且，它的"关键性话语"把握得很到位。这在引导读者、启迪读者方面是很有意义的。

三、知识的普及工作应当由专家、学者来做

几年前，在编辑《世界100位文学大师排行榜》一书的时候，笔者曾经在该书的"出版前言"中写下这样的话：西方的很多学者，很善于做知识的普及工作，很善于把他们的知识推向读者。其中的另外一层意思就是：我国的学者不善于做知识的普及工作，不善于把自己的知识推向读者。

以"排行榜"的形式而言，我们知道，西方的出版界，很乐意于做"排行榜"的工作。比如，在我国译介出版的，除了《世界100位文学大师排行榜》之外，还有《影响人类历史进程的100名人排行榜》《古典作曲家排行榜》等等。由于"排行榜"的形式很具趣味性，读者可以在有意味的阅读中接受相关知识。笔

者注意到，这些"排行榜"的作者，都是专业人士。可是，在我国的专家、学者之中，有多少人会去从事这样的"雕虫小技"呢——他们的知识，相对于读者而言，显得高高在上了。

再比较西方国家的其他相关普及性读物，不难发现，西方的知识普及工作，主要是由专家、学者来做的。大名鼎鼎的霍金，在《时间简史》的基础上，不忘推出该书的"普及版"。这是因为原版太深奥了，没有多少人读得懂。

作为编辑，笔者曾策划、编辑过《亚洲史》《非洲史》《世界探险史》和《拉丁美洲史》等等。笔者很遗憾，这些普及性的读物都是从国外引进的。因为，要在我国的学者之中请人写一本这样的通史体读物，实在太难了。个中原因，笔者曾与某著名大学的一位教授沟通过。他说：这样的工作，吃力不讨好。在谈论这个话题的时候，笔者想到海南出版社在2000年推出的畅销书《欧洲史》。这本书是法国的14位历史学家为该国的青少年撰写的，像这样由专家、学者来做普及性工作的例子在西方国家中比比皆是。它们的出版工作者在普及知识的工作中所注重的专家化与学者化的用心，由此可见。

在我们这个读者数以亿计，更需要由专家、学者来做知识普及工作的国度，由专家、学者来做的知识普及工作太少了！换句话说，就是专家与我们的读者"隔"得太远了。由于没有专业水准，读者们在市场上所能获得的普及性读物的质量，能做到不出大差错就万事大吉了，谁还能"苛求"太多呢！2000年，清华大学出版社曾与暨南大学出版社合作推出"院士科普书系"。这是普及知识的非常好的现象，但这样有意义的出版工作并不多见。

央视十套的《百家讲坛》利用电视传媒的优势，在专家与观众之中搭建了一座桥梁，很好地在观众之中普及了文化知识。或许易中天、于丹、王立群、阎崇年等人的讲解中有瑕疵,但不能否认,他们首先是专家、学者,其次才是讲解能手;在"知识"和"普及"之间,他们做得很好。

所以,作为图书出版者,在做知识的普及工作时,还是要注重挖掘专家、学者们的知识。既要善于引导专家、学者,又要善于引导读者,在专家、学者与读者之间搭好桥梁,以便更好地"启迪民智"。

在知识普及的领域,希望有更多的"学术超男"与"学术超女"出现,希望有更多的走红图书出现。

(原载《中国教育报》2007年7月12日)

从书评可以窥探的世界

书籍是人类进步的阶梯,是人类知识的结晶。书海无涯,知识茫茫,光阴却如白驹过隙,人的一生能读书的时间毕竟有限。因此,爱好读书的人,总是想方设法解决"有限"和"无涯"的矛盾,使自己能够在人生的旅途中,更好地自我充实,自我完善。

对图书而言,经常为读者提供选读方便或阅读指导的有目录、索引、书话、序跋、书评等,其中,书评无疑是对读者最有用的一种。书评和书话、序跋颇有相似之处,但它们其实是各尽所能,不相混同的。书话由古代的藏书题跋和读书笔记衍变而成,常以短札、小品出之。书话以谈版本知识为主,亦可涉及书内书外掌故,或抒发作者一时的感情,以唤起读者爱书、访书、藏书的兴趣。书话一般述而不评,不承担更多的阅读指导任务。序跋中的有些序,写法和书评很接近,都要对书作理论性的全面介绍、分析和评论。但是,序主要是为作者写的,书评是为读者写的。好的书评都能抓住本质。是得是失,都深中肯綮;具体明确,既惊人耳目又发人深省。这样的书评,自然深受读者喜爱,成为读者窥探知识海洋的最好窗口。当然,不少有志者还会因此而潜入海洋深处,去探取骊龙之珠。

一、中国书评：源远流长

直到现在，学术界对于我国书评始于何时，还是众说纷纭，莫衷一是。经由孔子删定的《诗经》，是我国最早的诗歌总集。孔子说："诗，可以兴，可以观，可以群，可以怨。迩之事父，远之事君；多识于鸟兽草木之名。"笔者认为，记录在《论语》中的这段话，可以视为我国书评之祖。它对中华民族这部心灵史的评论，可谓鞭辟入里，深刻隽永。其意是说："《诗经》可以用来激发人的思想感情，可以用来观察社会政治的得失，可以用来与别人和睦相处，可以用来怨刺不平的事。近则使人懂得孝敬父母，远则使人懂得忠君爱国，还可以从中更多地了解鸟兽草木等和人类合为本体的动物、植物。"读者从这样的书评中获得的除了关于《诗经》的重要知识外，还看到和孔子的理论一脉相承的"和为贵"的普惠人类的大智慧。时至当今，1988年1月，当代三分之二的诺贝尔奖得主聚集巴黎开会，会议发表的宣言明确提出：如果人类要在21世纪生存下去，就必须回首2500年，去吸取孔子的智慧。我国是一个诗歌传统非常悠久的国度。几千年来，我们的祖先不仅创作了数以千万计灿若繁星的诗篇，而且留下了极其丰富的诗歌理论遗产。仅以诗话、词话称名的诗论专书即达数百种，其中就包含很多书评。同时，很多学者在对各种书籍的筛选、整理、校勘中，进行了厘分得失的文化批判，这也是一种书评工作，如裴松之注《三国志》、胡三省注《资治通鉴》等等。

毫无疑问，我国古代的书评是丰富多彩的。近代以来的书评，则是在继承传统的基础上，不断推陈出新，其时写书评的行家里手可以列出一串闪亮的名字：林纾、蔡元培、梁启超、鲁迅、周作人、李大钊、任鸿隽、胡适……

著名作家萧乾,是我国现代书评开拓者之一。他出版了《书评研究》的专著,也写了许多很出色的书评。他的《读邵燕祥的〈人生败笔〉——一个灭顶者的挣扎实录》,见解甚为精辟。他指出,如果对从 20 世纪 50 年代到 70 年代的愚民做法不加警觉,让疯狂的人再那么胡闹下去,民族就非沦亡不可。因此他认为,邵燕祥写了一本非常有意义的好书。萧乾这篇书评,是有利于读者阅读《人生败笔》和社会人生"两部书"的好书评。

二、西方书评:推动工业文明

从公元 3 世纪至公元 15 世纪,中国一直是世界各国望尘莫及的先进国家。然而到了 1492 年哥伦布扬帆航行发现新大陆之后,西方国家纷纷步入资本主义轨道向前疾跑时,中国社会却仍然徘徊在中古故道。从 17 世纪起,西方国家在商业和思想文化领域,既有别于先前任何一个世纪,也有别于同一时代的所有其他主要国家和地区。在伦敦、巴黎,乃至阿姆斯特丹,为数众多的杂志,登载每日新闻的报纸,都大量发行,为中欧、西欧等地的知识分子读者提供了各种书评。这是一个孕育伟大科学的时代,有关科学技术的书籍、书评,尤其备受青睐。伟大的科学家牛顿是对科学书评、书籍情有独钟的人。他的《自然哲学的数学原理》一书于 1687 年全部出版,其中包括物体运动理论和关于万有引力的讨论。此书一经出版,就有很多大师级的人物为之写了书评(牛顿对有关他的这部著作的书评非常在意)。莱布尼茨写道:"从世界开始直到牛顿生活的时代为止,对数学发展的贡献绝大部分是牛顿做出的。"伟大的法国科学家拉普拉斯指出:"《自然哲学的数学原理》是人类智慧的产物中最卓越的杰作。"当时，西方报纸杂志的诸多科技书评，大大加快了科技知识的传播，加速了工业革命的进程。1698年托马斯·萨弗里发明了用于抽水的蒸汽机，1712年托马斯·纽科门取得了稍加改进的蒸汽机的专利。1764年瓦特对纽科门型蒸汽机做了重大的改造，成为第一个实用蒸汽机的发明者。蒸汽机促进的工业革命，对我们人类的影响是非常巨大的。

一个时代的兴盛，和它的文化氛围是分不开的。书评，不仅见证了那个时代，也推动了那个时代的发展。

三、专刊书评：概览出版书情

我国现代时期的作家、学者，都非常重视书评的写作。鲁迅、沈从文、朱光潜、萧乾等人，都写下了很多不愧为典范的书评，对书评的写作提出不少精辟的见解。沈从文认为，如果一个书评家"对于一个作品的价值和内容得失能欣赏并且能说明，执笔时不敷衍不苟且，这样子写成的书评，至少对于读者是有意义的"。朱光潜则强调，书评也是一种创作。他认为，欣赏一首诗就是再造一首诗，欣赏一部书也应该是在心里再造出一部书。一篇好的书评也理应是这种"再造"的结果。他们的理论和实践，对于我国现代意义的书评写作产生了很大的影响。

新中国成立后，由于极左错误运动的干扰，书评写作受到了重大的挫折，改革开放以后才又得到重视和发展。1985年5月，中宣部出版局在山东济南召开"全国图书评论工作会议"。之后，各大报刊开辟书评专栏，《中国图书评论》《中国书评》《书城》《书屋》等书评杂志也相继创刊。通读这些专门的书评杂志，读者对中国图书出版的情报、各种图书的特色就有了基本的了解。对于一些不求甚解的读者来说，这就等于是读了许多书，获得了许多非常重要的信息。自然，书评不能代替原著，只要时间允许，还是要多读原著。但理想的书评，确实能够帮助读者对原著有更深一层的了解。创办于 1979 年的《读书》，撰稿人多为名家，他们的书评，字里行间闪烁着覃思卓识，而且文笔优美。例如发表在《读书》2007 年第 6 期的郑洞天的《现状的无奈》、刘梦溪的《我的一次学术历险》，都能很好地激发读者的兴趣和提升他们的辨识力，使人深受教益。

四、报章书评：推介图书精品

在我国报纸开辟的书评专栏中，《人民日报》《光明日报》《人民政协报》《经济日报》《文艺报》《中国教育报》《新京报》《中国图书商报》等报纸的书评及书评所推介的书籍尤其受到国内外的广泛关注。有些书评还因为规格高而被刊登到更重要的版面。可以这样认为，这些报纸的书评所推介的书籍都是精品，书评本身，也是精品。

任凤霞 2006 年 11 月 2 日在《人民日报》发表的《天予机缘写驹翁——写在〈一代名士张伯驹〉再版之际》一文，对张伯驹不惜倾家荡产保护祖国文化遗产，一生坎坷多劫却坦荡超逸的心怀，给予高度评价。"是真名士自风流"，张伯驹实为数千年中华文化精粹孕育出的当世"才"和"士"，他的爱国主义精神，令人钦佩不已。任凤霞的书评，很中肯地道出了张伯驹先生的"真性情"。这样的文章对于读者领略该书极有助益。

著名学者季羡林先生、周国平先生，像台湾省的余光中先生一样，为读者计，经常喜欢把序写成书评。季羡林于 2000 年 10 月 17 日发表在《光明日报》的《〈20 世纪中国学术大典〉序》，客观地评述了中国学术百年的发展历程，并从中西文化碰撞的角度上总结了中国学术的发展，读来令人耳目一新。要对中国 20 世纪的学术有明确的了解，非常需要这样的导读。周国平于 2007 年 4 月 19 日在《中国教育报》发表了《教育的七条箴言——写在〈中外教育名文 100 篇〉出版之际》。此中所论述的箴言，突出强调了教育智慧的宝贵，抓住了问题的实质。他的论证，旁征博引，具有很强的说服力。《中外教育名文 100 篇》的编撰，也被认为是很有意义的出版工作。

五、散见书评：犹如散落明珠

无论古今中外，有些关于书的评论并不是以完整的书评形式出现的，常常隐藏在传记、札记或其他文章专著之中，但却精彩绝伦，令读者一经发现就爱不释手。

列夫·托尔斯泰对《漂亮的朋友》的评论，是出现在他的《〈莫泊桑文集〉序》中。他认为《漂亮的朋友》是建立在作者严肃的思想和感情基础上的。他分析了该书的讽刺意义之后指出："作者为自己提出了一个问题：生活是什么？如何解决爱生活和认识必然性死亡之间的矛盾？但他并没有对此做出回答。"这样，托尔斯泰把问题推向读者，以引起读者的深思。而要回答他的问题，自然是要深入地研读原著。他的书评，往往以激活读者的阅读欲望为目的。陀思妥耶夫斯基对屠格涅夫的《贵族之家》的评论，来自他的一则札记。他在评论该书的时候着重回答了一个问题，就是它为什么是世界文学中的不朽之作。这是因为它最先以非凡的成就和精湛的功力，把我们的诗人们和所有为今后的命运担忧的俄国人对于未来的梦想化为现实。这其实就是艺术性、思想性都达到崇高境界的书评。

有些散落的明珠，发挥着点亮读者前进的道路的巨大作用，这是书评作者始料不及的。长篇小说《白鹿原》的作者陈忠实在《借助巨人的肩膀》一文中谈到：在《山楂村的歌声》（短篇小说集）的后记里，作者刘绍棠说到他对肖洛霍夫的崇拜和对《静静的顿河》的喜欢。他看到当时作为"神童作家"的刘绍棠对这部作品如此崇拜，如此喜欢，就很想见识这部长篇小说。从此，《静静的顿河》成为他平生阅读的第一部翻译长篇小说。后来他又读了不少文学作品和文学理论，多种流派交相辉映，使他成为"寻找到属于自己的句子"的作家。

书评与人们的阅读生活息息相关，毫无疑问，它对出版者、作者、读者来说都是很有意义的话题。

（原载《中国教育报》2007 年 8 月 16 日）

文史图书策划三题

过去，我国不少爱书人"黄金散尽为收书"，所收者大半就是文史图书。当今之世，在全球性的市场经济大潮中，文史图书依然发挥着传承文明、发展文化的极其重要的作用。然而，如何以读者受众的需求为核心，积极主动地为不同受众提供多元化的信息获取方式，以期在获得良好的社会效益的同时也获得良好的经济效益，却常常让出版者"为伊消得人憔悴"。笔者近年来主要从事文史图书的编辑出版工作，接触更多的便是文史图书的作者、读者和业界朋友，在这里想从三个方面谈谈这类图书的策划问题。

一、重与轻

古今中外，储存重大文明成果的高文典册都是需要特别精心策划推出的文史图书。或因史实的严肃，或因理性的严峻，或因内容的厚重，或因蕴蓄的宏深，都要求作者、编者必须穷年累月孜孜兀兀下苦功，半点也不能掉以轻心。这种图书对于读者有如至宝拱璧，一经口诵心惟，深刻体会，就会变成受用不尽的精神动力。当前，我们尤其迫切需要那些对国家建设和社会发展具有非凡贡献和突破意义的文史成果。

十一届三中全会确定的改革开放，是决定中国当代命运的关键抉择，是实现中华民族伟大复兴的必由之路。最近，出版界推出一批反映这一伟大历程而深受好评的文史图书。比如，李岚清的《突围：国门初开的岁月》，以真实生动的历史事实，深刻地反映了中国社会变革的思维逻辑，使读者更加珍惜改革开放的成果，更加坚定对改革开放的信心；叶永烈的《邓小平改变中国》，则通过记录1978年发生在中华大地上的一系列重大历史事件，展示了思想解放的艰难经历，凸显了邓小平作为一代杰出政治家的大智大勇和丰功伟绩，令人对这位伟人缅怀不已。中国的改革开放，波澜壮阔，影响深远，必将在历史上永放光芒，让人们记住这段峥嵘岁月的图书，也必将感动和鼓舞一代又一代的读者。

在全球化的时代，弘扬传统文化，并且让中华文化走向世界的文史图书也非常重要。苏叔阳著的《中国读本》问世后3年间，就在中国发行了1000万册。因为重要，需要准确无误，精益求精，作者在写作时一直怀着"如履薄冰"的责任感。后来要向国外推介时，更是忐忑不安，于是去信请求温家宝总理赐教。当得到"我真希望有更多的人做这项工作"（见2007年12月8日《光明日报》第5版《一本书，就这样名扬天下》）的指示后，该书不到3年就以11种文字版本在世界各地畅销。

像上述的文史图书，确有不少是社会效益和经济效益都非常高的，有些（如《中国读本》）还创了发行的天量。然而毋庸讳言，很多学术性强、部头大的文史图书，销路非常有限。

另一种情况是，最近几年，一些轻松易读的文史读物走红图书市场，备受读者青睐，如《明朝那些事儿》（当年明月）、《流血的仕途》（曹昇）、《如果这是宋史》（高天流云）、《人生若只如初见》（安意如）、《当时只道是寻常》（安意如）等等。这对于向广大读者普及文史知识大有裨益。从出版的角度讲，这类图书的走俏是很有意义的。

因此，文史图书的出版不能不关注"重"与"轻"的关系。相对于那些内容严谨、学术性强、部头大的图书而言，《明朝那些事儿》《流血的仕途》之类的图书，反而显得"轻"了。它们的"轻"在于其学术性不强，也没有厚重的内容。然而，正是它们轻得活泼、轻得生动，很容易为读者所接受。《明朝那些事儿》等书的惊人销量，很能说明这个问题。

其实，央视十套之《百家讲坛》的"坛坛好酒"出版物就是这一类的普及性读物。《百家讲坛》的主讲人都是学者、教授，但由于他们通过《百家讲坛》走向读者的方式是轻松的、好读的（跟他们平时写学术著作的态度不同），因此，《百家讲坛》推出的出版物自然而然就成了大众读物。

在笔者看来，对于一个文史图书的策划编辑，"重"与"轻"都是值得考虑的问题。"重"是学术内涵，是文化积淀，是品牌；"轻"是普及，是销量，是生存。一味地求"重"，只推出一些"小众"读物，无疑会影响生存发展；而过于求"轻"，仅仅是推出一些好读而不厚重的闲书甚至粗制滥造的烂书，则是文化积累和出版意义上的缺失。

当然，如果一本书能做到"轻"与"重"并举，那是再好不过的。柏杨先生的《中国人史纲》就属于这样的作品——它有作者身为著名历史学家学养意蕴的"重"，又有写作手法上如春风扶柳的"轻"，再冷峻的史事都被他点化得"吹面不寒"，寄慨却耐人寻味，是一部难能可贵的历史读物。

"轻"也还可以表现在图书的包装形式上。陕西师范大学出版社出版的《李叔同说佛》就包装得很好。李叔同的文字并不好读，并且，作者本人是一代高僧，要领略他的作品的境界，是要花大工夫的。因此，当一本白纸黑字的李叔同的作品摆在读者面前时，可接受而有购买欲望的人应该不会太多。然而，《李叔同说佛》的编辑却把这本书包装成轻松可人的读物。在书中，除了根据内容配上合适的图片之外（有关佛教的，也有关作者生平的），又恰当地配上李叔同的书法（李叔同的书法地位极高，一字难求）。这本书的包装，把书的内容由"重"变"轻"，给人以"悦目爽心、平易近人"的感觉。它之所以有可观的销量，跟它的包装到位有很大的关系。

二、新与旧

汤之《盘铭》有云："苟日新，日日新，又日新。"我们远在商代的祖先就有了这种力求更新的精神，实在令人仰佩。南宋大学问家朱熹《观书有感》诗曰："问渠那得清如许，为有源头活水来。"所谓"源头活水"，就是指新的、鲜活的信息。不断提供新的信息，把读者导向新的境界，这是出版者必须担当的职责。

"新"的范围很广——除了新的选题、内容、角度、创意之外，还包括新的编排、装帧、封面设计等等。英国著名的出版人汤姆·麦奇勒在"新作者""新作品"这些方面，能给人带来莫大启迪。被英国《书商》（The Bookseller）杂志誉为"英国最重要的出版人，最有创意、最富冒险精神，也最有新闻价值"的这位汤姆·麦奇勒，其组稿活动可谓遍及欧洲和美洲，其接触面和组稿范围之广令人惊叹。同时，他又有着对新作者和他们的新作品的精准判断力。多位文学大师在还没有"发达"之前，已经和他结为好友。他认识加西亚·马尔克斯的时候，马尔克斯还"是个没有名气的哥伦比亚人"；至于享誉世界的《百年孤独》的出版，那是多年以后的事了。而约瑟夫·海勒的《第二十二条军规》，则是他加入乔纳森·凯普出版社后经手的第一本小说，当时作者还未出名。麦奇勒却慧眼识宝，适时推出这本书，使之广为流传并且成为世界文学名著。

正是由于新的作者群的不断扩大，汤姆·麦奇勒有了更多可供选择的作品，他的出版事业也达到了别人难以企及的高度。在《出版人：麦奇勒回忆录》一书中，他说过："提到诺贝尔文学奖，我可以非常骄傲地说，从1963年起，'我的作家们'已经11次获此殊荣。"

汤姆·麦奇勒所获的殊荣，则是他不断求新的成果。当然，由于语言、文化、工作环境等多种因素的影响，像汤姆·麦奇勒那样的出版条件，别人很难具备，何况他作为出版人的素质又是那么罕见，因而他的成功，别人很难望其项背。但是毫无疑问，出新，始终是一个编辑、一个出版人的追求——就像汤姆·麦奇勒一样。

这里值得一提的，就是最近一些出版人的新书策划。当奥巴马竞选美国总统伊始，看好奥巴马的出版人就着手搜集奥巴马的信息资料。而奥巴马甫一登上总统宝座，凡与奥巴马沾边的图书都一跃成了图书市场的新宠。在上海博库书城的奥巴马专柜，就陈列着24种与奥巴马相关的图书。在博库书城销量排行榜上，《奥巴马：无畏的希望》和《奥巴马回忆录（父亲的梦想）》分列第一、二位。

然而，在出新的同时，也不能忘记有益的旧作。我们民族很重视"温故而知新"的古训，很重视经典旧作所提供的借鉴。故而毛泽东把《资治通鉴》通读17遍，茅盾把《红楼梦》熟读得能够背诵全书；故而朱光潜在《谈读书》中强调指出："'旧书不厌百回读，熟读深思子自知'，这两句诗值得每个读书人悬为座右铭。"

　　在笔者看来，怀旧，也是出版的一个重要主题。这里所说的"怀旧"，是指留意旧作重版，而且在这里把"旧作重版"和通常的"整理古籍"看作是有区别的概念。

　　在20世纪80年代读大学的文科学子，很少有不知道《走向世界丛书》的。这套由出版家钟叔河先生策划的书，收录了1911年以前国人在欧美和日本的游历，包括旅行记、日记、叙事诗等各种体裁的作品。其中有郭嵩焘的《伦敦与巴黎日记》、梁启超的《新大陆游记及其他》、钱单士厘的《癸卯旅行记·归潜记》、曾纪泽的《出使英法俄国日记》等等。在一般的出版者看来，这些作品已经"过时"了，没有出版价值了。可是，钟叔河先生"眼光普照"（钱锺书语），经由他的整理和发掘，读者看到了鸦片战争失败后，一些具有先进思想的中国人，开始向西方国家寻求真理的心路历程。他们对世界的观察和感悟，给当时的国人提供了了解世界的窗口。这套书初版之时，我国的改革开放刚刚起步，不也面对着一个重新"走向世界"的问题吗？

　　《走向世界丛书》的出版在当时的出版界、文化界以及广大读者中产生过巨大的影响。李一氓先生说它是"出版界的巨大业绩"。对于这套丛书以及它的主编钟叔河先生所做的工作，钱锺书先生的评价是："叔河同志正确地识别了这部分史料的重要，唤起了读者的注意，而且采访发掘，找了极有价值而久被湮没的著作，辑成《走向世界丛书》，给研究者以便利。这是很大的成绩。"一些著名作家、出版家如萧乾、陈原等人，都撰文对这套书的出版给予了很高的评价。

　　由此可见，有意义的旧作也是很有出版价值的。近年来，一些出版社的编辑也从旧书中找到很有再版意义的作品。2003年，海南出版社推出的《光荣与梦想：1932—1973年美国社会实录》可为一例。这部由美国著名传记作家威廉·曼彻斯特撰写的作品可谓是传记文学的经典，它的出版在美国影响很大。1978年8月，该书曾由商务印书馆"内部发行"。1988年，该社再版一次。对于它在中国的影响，新浪网读书频道的推荐文字是这样介绍的："它的面世在当时及以后的漫长岁月里曾在中国读者中引起过较大反响，甚至对一大批中国记者的写作产生了极大的影响，甚至是否认真研读过这套书，成为20世纪70年代末进入新闻行当的年轻人是否够'档次'的标准之一。被人誉为传媒人的必读书。"

可是，在很长的时间里，这本书被出版界给遗忘了。2003年，海南出版社的再版本甫一推出，就在社会上引起很大的轰动效应。它唤起了很多老读者对它的回忆，也让众多的新读者见识了它的精彩和丰富。这又是一个成功的出版范例。

所以，一个编辑，在不断地寻找新东西的同时，不妨回头看一看，在旧书里找一找有再版意义的精品。一般的说法是，每隔10年，就会有一个不同的读者群。现在的读者，对10年前的出版物也许不甚了解，因此，编辑就有必要告诉他们，10年前，曾经有过哪些好的作品在图书市场上出现。虽然读者的口味不同了，但是，好的作品总会有重新出版的价值。

当然，钟叔河先生推出的《走向世界丛书》，可以说是他用他的出版思想将这些作品"连在一起"推向读者的。这需要策划者的非常思想和功力，不是一般的编辑所能及。但是，从钟叔河先生身上，人们可以看到"怀旧"对于出版的意义。

三、喧嚣与寂寞

中国的出版历史已有 3000 多年，为人类文明的发展和丰富贡献了 300 多万种图书。而改革开放特别是建立社会主义市场经济体制，则使中国的出版进入最繁荣的时期。新形势带来的各种问题，都需要人们努力探索和解决，思想界空前活跃，出版界的面貌也焕然一新。内地作者、境外作者和外国作者的著作大量在中国出版，喧嚣热闹，盛况空前。改革开放 30 年来，有代表性的文史读物如黄仁宇的《万历十五年》、威廉·夏伊勒的《第三帝国的兴亡》、傅雷的《傅雷家书》、弗洛伊德的《释梦》、阿尔盖·托夫勒的《第三次浪潮》、李锐的《庐山会议实录》、李泽厚的《美的历程》、米兰·昆德拉的《生命中不能承受之轻》、顾准的《顾准文集》、加西亚·马尔克斯的《百年孤独》、陆键东的《陈寅恪的最后 20 年》、柏杨的《丑陋的中国人》、钱锺书的《围城》、巴金的《随想录》、塞缪尔·亨廷顿的《文明的冲突与世界秩序的重建》等等，对中国读者的影响都极其广泛而深刻。

有些文史读物则是凭借某种特殊的机缘而喧嚣一时。例如，2008 年，随着电影《梅兰芳》的热映，图书市场上与之相关的书籍也被迅速带旺。黄山书社一口气就推出了蔡登山的《梅兰芳与孟小冬》、陈纪滢的《齐如老与梅兰芳》和齐崧的《谈梅兰芳》；工人出版社也推出历史学家唐德刚的文章合集《五十年代的尘埃》。在短短的时间内，就有数十种"梅兰芳"题材的图书出版，而有些是刚出版就售罄。许多过去出版而销路不畅的相关书籍也乘时奋起，"风风火火闯九州"。这种喧嚣情状，实在令人瞠目结舌。

由于"求新"的工作要求,编辑总会对"热点"十分关注。然而,对于策划编辑而言,则不能一味地跟着别人"喧嚣",有些跟风图书的不良影响尤其值得反思。因此,还必须考虑一下,在"寂寞"的、不被别人注意到的角落,是不是有可以被发掘的东西。毕竟,很多优秀的图书,是在为人们所忽视的角落里被挖掘出来的。比如,贵州人民出版社 1994 年出版的《顾准文集》就引发知识界的热烈讨论。此前,绝大多数的读者并不知道顾准这个名字,正是此书的出版,让读者认识到这位优秀的知识分子的学术价值与精神品质。有的论者就高度赞扬说,顾准以一人之力顽强凿通了那条阻隔中西思想对话的黑暗隧道。在那个黑夜似的时代,顾准是中国知识分子独立精神的火种,是迄今为止我们无法不面对的一座山峰。这本书的出版,产生了重要的影响,"叫好又叫座"。

这里举一个关于笔者编辑《亚洲史》一书的例子。按历史书的区域范围来说,欧洲肯定是最迷人的,它受关注的程度要比其他区域大一些,反映在出版物上也是这样。在图书市场上,关于欧洲的图书比比皆是,显得很"喧嚣";而关于其他洲的出版物,则显得"寂寞"了。其原因当然是由于欧洲是西方文明的发源地,同时,研究这一区域的学者——不管是欧洲的、美洲的,还是亚洲的——都非常多。因此,相关的著述琳琅满目,这方面的出版资源就非常丰富。在我国的读者中,关于欧洲的读物也很受欢迎,因此,"欧洲史"比比皆是——不论是洲际史还是国别史。

海南出版社在 2000 年推出一本《欧洲史》,很受读者欢迎,销量可观。可是,除了《欧洲史》外,就没有人再关注其他洲了——相对于欧洲的"喧嚣"而言,它们不受编辑重视,显得"寂寞"了。于是,笔者引进推出了一本《亚洲史》。引进这本书的理由如下:"亚洲是地球上一个辽阔而又多姿多彩的区域,它有着全球一半以上的人口和超过一半的世界历史经历,承载了世界上最古老的文明传统。无疑地,亚洲及其文化'代表着全人类历史中最重要、最丰富、最多彩的篇章'。"由于在图书出版上,关于亚洲的读物并不多——尤其是普及性读物,于是,出版一本《亚洲史》尤为重要。直到现在,关于亚洲历史的普及性读物还远远不足,所以,这本书推出的意义是不言而喻的。此后,笔者还编辑推出了《非洲史》《拉丁美洲史》等等。

作为编辑,不断地追逐"喧嚣",不断地去关注热点是必要的;但是,我们也不妨花一些时间、精力去注意一下那些"寂寞"的角落,看看那些角落里能不能打造出一些"喧嚣"的出版物来。

(原载《出版广角》2010年第1期,发表时有删节)

出版中的模仿和创新

美国著名出版人舒斯特（西蒙与舒斯特出版社的创始人之一）在《给有志于编辑工作者的一封信》中说过一句对于编辑极有启迪意义的话，他说："不要盲从当前的时尚和流行，千万不要只想模仿目前的畅销书，而出一本和它差不多的书。你应该创造趋势，而不是盲从趋势。"[①] 舒斯特的这番话很有针对性，他所说的"盲从当前的时尚和流行"，就是指那些简单的，甚至是拙劣的模仿，而"创造趋势"指的则是创新精神。

毫无疑问，出版是一个需要不断创新的行业。要创新就不能盲从趋势，而要创造趋势。舒斯特的这番话引人思考出版工作中的模仿和创新的问题。

一、跟风是拙劣的模仿

舒斯特所说的模仿畅销书而推出的"和它差不多的书"让人不由自主地想到跟风图书。的确，编辑总是面临着模仿与创新的问题，人们屡屡强调创新，可是，简单的模仿现象总是不断地出现。应当承认，选题重复、跟风现象严重仍然是目前出版工作中

---

① ［美］格罗斯主编：《编辑人的世界》，齐若兰译，中国工人出版社，2000年，第31页。

的两大症结——尤其是跟风现象，这些年来更是层出不穷。《哈佛女孩刘亦婷》引出了"东大男孩""北大女孩"以及无数的"男孩""女孩"；《河南人惹谁了》不但引出各式各样的"河南人"，还引出"湖南人""东北人"等各地的"人"；《谁动了我的奶酪》在引出五花八门的"奶酪"的同时，甚至还引出了"肉包子"；《明朝那些事儿》则引出历朝历代的"事儿"，接着很多有关读史的书，都喜欢冠以"事儿"之名……几乎每一本热卖的图书出现，都会引来一批跟风图书。

由于被跟风的图书（一般都是畅销书）在市场上具有强大的感召力，同时又有一部分读者缺乏对图书质量的判断能力（他们往往会购买与畅销的原创图书"类似的"跟风图书，而不购买原创图书），因此，跟风图书也能够吸引一批读者，产生一定的销量。有了销量就意味着有了市场保障，在此前提之下，追求经济效益的出版者看到了跟风比起原创来说要省事得多的"事实"，于是，畅销书一出现，跟风就一窝蜂而上。由此，跟风图书也就层出不穷了。

在大力强调创新精神的当下，如此跟风，自然不利于出版业的繁荣和发展。说到底，简单的、模仿式的跟风图书就是"盲从当前的时尚和流行"，自然没有原创性可言；更令人叹息的是，有很大一部分跟风图书的内容都是胡编乱凑的，其品质，完全称不上是合格的出版物。这样的读物，对读者毫无益处。因此，可以说，跟风是拙劣的模仿。

二、在模仿中创新

拙劣的模仿不可取，但是成功的案例永远值得人们借鉴。借鉴跟纯粹的模仿存在着本质上的区别：纯粹的模仿只是样品的影子，而借鉴则意味着在模仿的基础上的提高或创新。其实，在模仿和创新之间并不是水火不容的：出版人没有必要跟风，但要善于借鉴；只要善于借鉴，就可以从模仿中创新。

在中外出版史上，不乏善于移植，并在移植中创新的例子。人们都知道《三国志》在日本非常流行，却很少人知道日本流行的《三国志》并不是罗贯中的历史小说《三国演义》，也不是陈寿的历史著作《三国志》，而是吉川英治根据日本译自中国的《通俗三国志》改写而成的小说《三国志》。吉川英治的改写有两个特点：一是用现代的感觉进行再创造；二是迎合日本人的阅读趣味。他自称对中国的《三国志》并不是做简单的略译或摘抄，而是把它写成适合于长篇执笔的报纸连载小说。其中对于刘、关、张等主要人物，都加上自己的解释和独创来写。简言之，吉川英治将中国的"三国"改写成了日本的"三国"。他不仅仅是一位作家，还具有出版人的视野。正是由于他的善于移植和创新，才使得他的《三国志》在日本家喻户晓。由此看来，他被称为"国民作家"且其作品在日本长销不衰是事出有因的。

众所周知，中国现代出版大家陆费逵（中华书局创办人）和王云五（曾任商务印书馆总经理）也是善于在移植中创新的高手。当年，陆费逵借鉴商务印书馆的《四部丛刊》《新书典》《辞源》等成功的图书品牌，推出了《四部备要》《中华大字典》《辞海》等属于中华书局的图书品牌。中华书局对商务印书馆并不是盲从，也不是简单的模仿，它是对商务印书馆图书品种的移植和借鉴，而且，这种移植和借鉴是建立在创造新的文化品牌的基础之上的。王云五当年推出《人人文库》，就是从国外的《人人文库》得到启示的；因为国外的《牛津大字典》，他则推出了《中山大辞典》……这些同样是在借鉴的基础上创造品牌的范例。

"他山之石，可以攻玉。"从某种角度上讲，不论是日本的吉川英治，还是中国的王云五、陆费逵等，都是在模仿的过程中创造辉煌的出版文化。或者，更确切地说，在他们创造的出版文化中，有很多在模仿中创新的文化产品。这些善于在移植中创新的例子，直到今日仍然值得出版人借鉴。

在信息全球化的"地球村"时代，社会的发展日新月异，面对着各种各样的文化思潮的冲击，可供人们参考的成功案例太多了。而如何避免简单、拙劣的模仿，如何能在模仿中创新，怎样避免"盲从趋势"，怎样才能"创造趋势"，都是出版人应该不断思考的问题。

（原载《出版参考》2010年3月上旬刊）

日本人的出版精神

自从 1988 年东渡日本，并专攻该国的出版文化以来，李长声先生可以说对日本书业了如指掌了。早年他在《读书》杂志上谈日本文化的文章，就引起读者的广泛兴趣。沈昌文先生将他与当年在《读书》上介绍美国文学而让"我们开始同美国文坛打破隔阂"的董鼎山先生相比，视他为"日本的董鼎山"，认为他关于日本的文章写得出色的原因在于"一方面由于他在日本从事出版行业工作，较单纯地研究了解更多情况。更主要的是，他有中国文化的深厚根底"。

正是由于他"两脚踏中日文化"，因此，他对中日出版界的问题看得很透。我想，李长声不断地向读者介绍日本人的出版文化，其目的还是在于向我们提供一个可借鉴的视野。

他关于日本书业的随笔集《日下书》，给人最深刻的印象是日本人的出版精神。

"吾日三省吾身"这句话用在日本出版人身上是再合适不过的了。由于生存的压力，对本行业的时常反思是他们常做的事。所以，这几年来，日本推出了不少"出版问题书"。其中，最引人注目的当数小林一博的《出版大崩溃》。小林一博的这本书是针对日本出版业下滑，"退货如潮，库存如山"的现实来为图书业开药方的。他认为出版社应当控制图书品种，缩小出书规模；在发行上将代销改为包销，不许经销商退货；等等。自然，他的药方极有意义，但他的反思中给笔者印象最深的是他为图书"定罪"。他说书有三大罪：占用人的时间，迷惑人，吃掉森林。他认为，要弥补罪过，就要出好书。他的说法很值得我国的同行们反思。的确，以我国目前重复出版现象严重，格调不高的图书充斥市场的情况而言，小林一博的劝说很有意义：作为出版人，我们不要"犯罪"，要多出好书，免得迷惑人和吃掉森林。

有危机，就有应对危机的办法。有人说，日本出版人是愈挫愈勇的。他们最大的特点，就是能在危机中求变。当年讲谈社的创始人、"一代杂志王"野间清治初办《讲谈俱乐部》时，在意气指使之下连续推出三期，结果引得"退货像潮水一样涌回来，转眼之间债台高筑"。野间遭遇了他在从事出版后的第一次危机。但他没有被困难吓倒，而是闭门思过。很快，他"由猛张飞变成运筹帷幄的诸葛亮"，逐渐改变颓局，一步一步走向他"杂志王"的宝座。野间清治所创办的杂志都具有明确的编辑主张，其中，《少年俱乐部》的宗旨——"有趣、有益"至今仍是讲谈社的编辑方针。

野间清治的编辑精神是令人难忘的，他手书的讲谈社三大社训为："浑然一体、诚实勤勉、纵横考虑"。笔者认为，这里包括了出版机构和出版人应具备的所有素质。因为，在这十二个字里，有出版精神，有工作态度，有文化使命，也有商业因素。

日本人善于移植，并且在移植中创新的精神在出版方面也得到很好的体现。备受日本人喜爱的通俗小说《三国志》的作者吉川英治就是一位创新型的改造者。他的《三国志》跟罗贯中的《三国演义》和陈寿的《三国志》大有区别，那是他"用现代感觉进行再创造，把中国的古典名著改写成日本人所喜闻乐见的大众小说"。一些读者质疑"不忠实于原典"，吉川英治的说法是：我并不做略译或摘抄，而要把它写成适合于长篇执笔的报纸连载小说。对于刘备、曹操、关羽、张飞等主要人物，都加上自己的解释和独创来写。正是由于吉川英治的独创，才使得他的《三国志》在日本风行。

事实上，善于移植也是一种创造，吉川英治的做法使笔者想到近现代中国出版人的往事。当年商务印书馆有《四部丛刊》，中华书局则推出《四部备要》；商务印书馆有《新字典》，中华书局则推出《中华大字典》；商务印书馆有《辞源》，中华书局则推出《辞海》；商务印书馆有《教育杂志》，中华书局则创办了《中华教育界》……其实中华书局对商务印书馆并不是盲从，它是对商务印书馆的图书品种的移植和借鉴。以上几种书名相近的图书，体例有别，视角不同，这样的再创造同样具有文化上的积累意义。现代出版大家、曾任商务印书馆总经理的王云五先生也是善于在移植中出新的人。他推出《人人文库》，是从国外的《人人文库》得到启示的；因为国外的《牛津大字典》，他则推出了《中山大辞典》……"他山之石，可以攻玉"，从某种角度上讲，吉川英治、王云五、陆费逵等人，就是在移植的过程中创造辉煌的出版文化的。

在"全球化""地球村"的时代，如何在多种文化的冲击之下"移植"出对读者有益的精神产品，是当下的编辑应当不断考虑的问题。

人们可以否认日本的许多东西，但是不能否认他们对待工作的认真态度。在出版方面，辞书是最能体现出版者的工作态度的。《广辞苑》在日本有"国民辞书"之誉，它的面世比《辞海》早一年，但它的修订次数却是《辞海》不能相比的："修订出版《广辞苑》是（在这本书初版之后）时隔十四年，第三、四版为八年、七年。"随着信息的不断更新,修订的时间越来越短。李长声认为:"在信息爆炸的时代,辞书的新陈代谢也加速。"因此,对辞书的修订应当及时。他结合自己三买《广辞苑》的例子,说明日本人在这方面的认真态度。《日下书》中还引用了台湾地区的文化人黄翰获先生关于工具书的一段话,听来刺耳,但却是忠言:"中国人所编的工具书,常常是内行人不用的。编成后也多年不加修订,这也是国人的特产。工具书最能检验一个民族认真的态度。"针对日本人多次修改辞书的事例,李长声感慨道:"我终于感到日本人的可怕,因为他们才最讲认真。"相比之下,我们对辞书的态度是值得反省的。

一些日本人对出版业的理解是非常深刻的——当然,这些见解也体现在他们的编辑工作中,未尝不是一种出版精神。见城彻认为编辑应该是"无中生有,把人的精神这一无形的东西做成'书'这种商品,由此获益"的人。从这句话里可以这样理解"编辑"二字的含义:编辑不仅是一个创造者,是一个介绍者,编辑还应该是一个商人。确实,在当下,"编书匠"是难以成为一名真正的编辑的,编辑要具备多方面的素质。见城彻还认为:"编辑向来喜欢把良心、文化挂在嘴上,但盘腿坐在自己制造文化这一特权意识上,书当然卖不出去。说到底,卖不出去的书对于读者来说就是不需要的商品。"显然,书卖不出去,就不能传递它的价值。见城彻的高明见解对编辑也同样具有启迪意义,尤其是那些以文化人自居,不懂得让自己编辑的作品走向更多读者的编辑。

当然,说到出版精神,不能不提及那些具有浓厚的出版理想的人们。角川书店的创办人角川源义从事出版的缘由是"相信出版事业才是使战败的日本早日重新站起来的途径",为了"把古今东西的不朽书籍以能摆上书架的精美版本廉价地提供给众多的人"。这样的理想，和当年张元济痛感中国社会"大厦将倾，群梦未醒，病者垂毙，方药杂投"的状况，立志"昌明教育生平愿，故向书林努力来"的出版理想是何其相似！这样的出版理想，是出版人应该永远追随的。因为，不论是传承文明、积累文化，还是启迪民智，我们仍然"在路上"，而不是已经完成了任务。

日本人的创造是令人惊叹的，李长声先生就感慨道："日本出版之丰富，之精美，之繁荣，对我的震惊盖过了文学印象。"

说到底，日本的出版大国地位，就是出版精神所铸造的。没有精神，创造力从何说起？

（原载《中国图书评论》2010年第4期）

铭记三联的出版文化

生活·读书·新知书店合并成立60周年之际,约请她的骨干作者和出版同人撰稿而结集成书的《我与三联:生活·读书·新知三联书店60周年纪念集》是一本耐人寻味的书。

原因在于三联的出版文化是令人难忘的。

说到三联的出版文化,不能不提到当年创办生活书店和《大众生活》周刊等多种刊物的邹韬奋先生。和张元济、陆费逵、王云五一样,邹韬奋也是中国现代出版史上十分令人难忘的人物之一。说起来,他对出版文化的贡献与张元济、陆费逵、王云五等人稍有区别:前三位出版大家给出版界提供了出版的目标和理念(开辟草莱、启迪民智),而邹韬奋给出版文化留下的更多的是服务精神。

邹韬奋本人把对读者的服务工作做得很细。在编《生活》周刊的时候,他和他的同事们对读者来信的"答复的热情不逊于写情书,一点不肯马虎,鞠躬尽瘁,写而后已"。在总结自己的出版经历的《事业管理与职业修养·生活史话》一书中,他说:"'生活书店'的发达,当然有许多主观和客观的条件,但是服务精神,鞠躬尽瘁的服务精神,在千百万读者好友心坎中播下的种子,是最重要的一个因素,这是我们所不能否认的,这是我们所应永远记取,发扬光大的。"邹韬奋的理念对三联的影响是深远的,直到现在,他倡导的"竭诚为读者服务"的精神仍是三联的店训。

正是由于众多邹韬奋式的出版人的努力,使得三联成为读书人心中的品牌。为此，华东师范大学教授许纪霖先生曾经说过："在金钱和权力之外，三联图书建立了第三种尊严：知识的尊严、思想的尊严和知识分子的尊严。"作为三联书店的品牌刊物《读书》杂志多年的作者，许纪霖对三联是有着深厚感情的，所以，当他得知三联曾经卖书号、出教学辅导读物、出名牌刊物增刊时，颇为愤怒。他的《文化品牌才是最大的财富》一文与其他的纪念文章不同，他在文中表达了对这种"非三联"现象的忧虑。他说，"三联在中国不仅意味着一家出版社，而且代表着一种文化、一种公共的知识精神"，他还说，如果三联"放弃了个性，盲目跟风随大流，只能在即将来临的开放市场中毁灭得更快"。

这就涉及邹韬奋先生所提到过的"事业性与商业性"的问题了。的确，在出版行业大受冲击的当下，三联也面临着生存的压力，也必须解决"商业性"的问题。在笔者看来，三联书店前几年解决"商业性"问题的策略并不妥当，其结果必然会砸三联的牌子。所以，笔者很能理解许纪霖先生的愤怒。以三联的品牌和她在作者、读者中的感召力，的确没有必要因为追求"商业性"而卖书号、出教学辅导读物、出名牌刊物增刊。因为，社科图书也是可以产生经济效益的，三联本身就出过不少畅销书，如《傅雷家书》《万历十五年》《陈寅恪的最后20年》《第三次浪潮》《金庸作品集》《蔡志忠古籍经典漫画》等等。所以，三联这样的出版品牌，与其出版与自己的风格格格不入的东西，还不如在社科图书的畅销书方面下功夫——在专注学术的同时，考虑推出一些有专业水准的轻松好读的社科图书，以解决"商业性"的问题。

无疑，三联有一批优秀的编辑。说到底，三联的品牌也就是她的编辑们共同铸造的。何为三联编辑？三联编辑何为？读了王蒙的《回忆三联书店诸友》就知道了。

王蒙是这样写沈昌文的：

> 沈的特点是博闻强记，多见广识、三教九流、五行八卦、天文地理、内政外交，什么都不陌生。他广交高级知识分子，各色领导干部，懂得追求学问珍重学问，但绝不搞学院派、死读书、教条主义、门户之见。因为他懂得红黑白黄，上下左右，我称他为江湖学术家。同时，他是编辑家、文化活动家、文化公共关系开拓者，还是各种不同的组合的文化饭局的组织者、领导者与灵魂。

王蒙的这段文字把沈昌文给"鲜活"地勾画出来了——真是一个"狡猾的"出版人！在沈昌文身上总结一下编辑的特点，那就是——编辑是杂家，也是社会活动家。

这样的编辑素质，这样的朋友圈子，这样的社会活动，对于出版者来说无异于选题的"源头活水"。有了这样的"源头活水"，做文化的灵感也就源源不断了。沈昌文等人能把《读书》办得那么好，办出那样的影响力，自然也得益于他的朋友圈子的集体智慧。

敏锐的嗅觉是一个编辑必备的素质。范用在《〈傅雷家书〉的出版》一文中说到《傅雷家书》的出版经过。原来，这本书是他与朋友楼适夷（傅雷的好友）在同去上海的旅途中闲聊而"聊出来"的。当时，楼适夷跟他聊起傅雷对傅聪、傅敏兄弟俩的教育，范用听了很感动。"对傅雷与傅聪的通信产生了极大的兴趣"，"阅读之后，一种强烈的愿望，驱使我一定要把它出版介绍给广大读者，让天下做父母的做儿女的都能读一读"。

于是，有了《傅雷家书》。

由此看来，编辑都是嗅觉灵敏的"有心人"，从事这个职业，就是要比别人多长几个心眼。

同时，编辑还要结识一帮学者朋友以及懂书、爱读书的人，有事没事聚一聚，既是务虚，也是务实。

不要以为范用、沈昌文这两位出版大家都曾任三联的总经理才有这样的出书条件。事实上，这两位长者的出版条件并不是建立在他们的权力之上。他们的起点都很低——早年，都曾经是三联的小工人。用沈昌文的话说，他早先干的都是"仆欧"（boy）的活。他们由小人物而成为出版大家的经历，使人想起唐振常评价王云五的一句话："他是一个符号象征，象征了一个贫苦无依的人的奋斗成功的故事。"如果没有对图书的热情以及长年刻苦钻研的精神，怎么会成就范用和沈昌文这两位书界"大佬"呢？所以，但凡从事出版工作的人，首要的前提就是爱书、对书有热情。

一般来说，编辑的功能是在作者和读者之中起桥梁作用：编辑不但要引导读者了解一本书、一篇文章里的内容，同时，还要引导作者，要让作者知道用什么样的方式，才能使他的知识、观点为读者所接受。在引导作者这方面，《读书》的编辑王焱无疑做得很好。经济学家梁小民在《三联是我的良师益友》一文中说到王焱建议他改变文风之事。当年，王焱认为梁小民的文章写得有些刻板，不好读，建议他给《读书》写文章时"要让人爱读，读起来有趣"。为此，梁小民对自己的写作风格进行了反思，发现他的文章"写法太教条了，有些八股文风"，于是，决心改变文风。梁小民说，"这种努力使我能写出一些读者喜欢的文章"。后来，他还写出了《经济学是什么》《寓言中的经济学》等几种畅销书。对于编辑的合理建议，梁小民还是心存感激的。

在《我与三联》里，可以读到不少类似的编辑"正确引导"

作者的例子。陆键东在《历痕与记忆》一文中说到该书责任编辑潘振平对《陈寅恪的最后20年》一书书稿的修改设想。他确定这部书稿"是一部好作品","希望做成精品","建议合并一些章节，使相关内容更集中，阅读更方便，'为读者着想'"。后来，《陈寅恪的最后20年》备受读者瞩目，成为当时人文精神讨论中最受知识界关注的图书。可以说，这本书成为精品，是有编辑的功劳的。

的确，三联有很多"到位"的编辑。

三联出过很多令人难忘的书，但最令人难忘的还是《读书》。创办《读书》杂志是三联对中国当代文化的一大贡献，想一想当年"读书无禁区"的讨论，对那一代读书人的影响是多么深远啊！而《读书》也为三联赢得了知识界的尊重，一时之间，三联的作者群显得壮大非凡。时至今日，虽然《读书》已是经历了几个"读不懂"的阶段，但在当代学人与读者的心目中，她依然是很有影响的。

当然，在读着《我与三联》，感受着浓浓的出版文化的同时，笔者有些许遗憾：三联为什么没有约请她的读者也写一些纪念文章收入《我与三联》呢？毕竟，三联一向是竭诚为读者服务的，能在她的纪念集里留下读者的心声，是不是更好一些？

《我与三联》里还有很多令人难忘的人和事：季羡林心中的三联"店格"、刘再复笔下的范用、黄苗子眼中的三联诸友、黄裳与三联的"道义之交"、钱理群的"感谢和感想"等等，都值得一再品味。

三联有她过人的魅力。

杨绛先生说的好，三联的特色是：不官不商，有书香。

我是三联的读者，我也爱三联。

（原载《中国图书评论》2010年第5期）

编辑力

——从中国近现代出版人的理念和实践谈起

2007年初，中国人民大学出版社推出了日本出版人鹫尾贤也的《编辑力》一书。作者是大名鼎鼎的讲谈社的资深编辑，已经有了35年的书业经验，并且策划了像《日本的历史》《现代思想的冒险家》等在日本影响深远的图书。在这本谈编辑经验的书中，鹫尾贤也说到策划、约稿、催稿、封面设计、销售、宣传等图书出版的各个流程，以及在这些过程中的编辑能力的体现。由此，他提出了"编辑力"的概念。《编辑力》一书的副标题"从创意、策划到人际关系"就很好地说明了"编辑力"的特点：编辑应该是整个出版流程的能手；应该是具备"完整的人格"和非凡能力的人。

鹫尾贤也毕竟是出版界的佼佼者，他的《编辑力》是能给人以很多启示的。由"编辑力"的话题，笔者想到那些在出版事业上做出了重大贡献的近现代出版人，如张元济、王云五、陆费逵、陈独秀等等。显然，本文的视野并不仅仅限于狭义的编辑的概念了，本文的视野是广义的编辑，主要是那些在出版史上卓有建树的出版人。笔者试图从近现代出版人的理论和实践中，提炼出对从事编辑工作的人们有意义的、体现"编辑力"的精神。

一、以理想成就事业

毫无疑问，中国近现代出版人的出版活动是建立在他们的出版理想之上的。这是他们的"编辑力"最主要的基础。

这一点，在商务印书馆的创办人张元济身上有完美的体现。张元济曾有诗曰："昌明教育生平愿，故向书林努力来。"正是有了"昌明教育"的理想，他才去从事出版业的。原因何在？从他给蔡元培的信中可以找到答案，他在信中说，"盖出版之事业可以提撕（携）多数国民，似比教育少数英才为尤要"。[①]他还想通过出版事业，创造一个无良无贱、无智无愚、无长无少、无城无乡的社会。

张元济对文化事业的影响是深远的。在他90寿辰之际，曾经在商务印书馆工作过的茅盾先生的祝词对他一生的事业概括得尤为精当，其中说道：张元济创办商务印书馆，在中国于是始有近代化的出版业，将来的历史将记录他对于祖国文化的贡献。茅盾称他为近代文化史上"开辟草莱的人"。

其实，在中国近现代出版史上，像张元济这样因有了"昌明教育"的思想而去"开辟草莱"的出版人何止少数。回顾中国近现代出版史，那些出版大家，如梁启超、陆费逵、陈独秀、王云五、杜亚泉、胡适、茅盾等何尝不是如此。中华书局的创办人陆费逵执笔的《中华书局宣言书》开篇就说明："立国根本，在乎教育。"[②]

[①] 张元济：《张元济全集》（第3卷·书信），商务印书馆，2007年，第461页。

[②] 吕达主编：《陆费逵教育论著集》，人民教育出版社，2000年，第93页。

梁启超本人的主要出版活动体现在办报、办刊方面，他也认为报刊是"开民智""育人才"的重要手段。所以，他在办《新民晚报》的时候就有明确的宗旨：《新民晚报》取《大学》新民之意；欲维新我国，当先维新我民。杜亚泉办《亚泉杂志》，陈独秀办《安徽俗话报》以及后来办《新青年》，都有他们"启蒙"与"醒世"的出版理想。

近代中国的社会状况，张元济在1901年10月致盛宣怀的信中说是"大厦将倾，群梦未醒，病者垂毙，方药杂投"。①这也决定了中国近现代的很多出版家就是教育家——这是由于他们身处的社会环境所决定的，更是由于他们的社会责任感所决定的。

其实，不论是身处哪一个时代，出版人都面对一个社会责任感的问题。正是责任感和理想，才铸造了中国近现代出版人的伟业。这是他们的编辑力得以体现的前提，也是对今天的出版人具有启迪意义之处。

二、从社会活动中发现资源

"社会活动家"与"编辑"身份的融合，在中国近现代出版人身上得到很好的体现。这也是他们的编辑力的体现。

从大的方面讲，出版人以社会活动家的身份可以构建一个很好的出版平台，为出版单位营造一个很好的社会环境；也可以网罗人才，为出版单位注入活力。从小的方面讲，策划编辑的社会活动可谓是选题的"源头活水"：从社会活动中直接或间接地得到

---

① 张元济：《张元济全集》（第3卷·书信），商务印书馆，2007年，第204页。

选题的资源——从事编辑工作的人都知道，很多选题就是"聊出来"的。中国近现代的出版人很少留下这方面的文字，但是，从他们出版活动的过程中，可以知道社会活动能力对于出版工作、对于编辑的重要性。

以 20 世纪初著名出版家，先后任商务印书馆国文部部长、编译所所长的高梦旦的出版工作为例。起初，高梦旦给梁启超创办的《时务报》投稿，文章的内容主要论废除拜跪之事。梁启超读后，大为叹服。后来两人见面，可是他们一个讲闽语，一个操粤语，没法交流，于是笔谈终日，自此结为莫逆之交。高梦旦的出版之路，也由此起步。后来高梦旦赴日本考察，深感教育对于国家的重要。回国后，与张元济谈教育，志趣相投，于是应张元济邀请，进入商务印书馆。高梦旦在商务期间，除了与蔡元培、张元济合力推出商务的第一批近代新式教科书外，还极力邀请胡适入主商务的编译所；在胡适婉拒之后，他改请胡适推荐的王云五。这是明智之举，王云五后来把商务印书馆办得有声有色，他本人也成为出版大家。

当时林纾翻译的小说（如《茶花女》等）在中国风行，靠的是高梦旦与林纾的私人友谊以及高梦旦对林纾的译介工作的大力支持。

事实证明，作为社会活动家的高梦旦是非常成功的，有梁启超、蔡元培、林纾、张元济、胡适、王云五等杰出人物的鼎力相助，就不难理解商务在中国出版史上的辉煌了。

毫无疑问，中国出版史上每一个有成就的出版家，就是一个社会活动家。现代出版人王任叔（巴人）认为，编辑应该"静如处子，动如脱兔"。其中的"动"就是积极地介入社会活动。

总结前辈们的经验，那就是：要做一个合格的出版人，一个好编辑，就应该"走出去"。

三、用凝聚力团结同仁、作者、读者

凝聚力，当然应该是编辑力的重要内容。一个出版机构要凝聚的对象是同仁、作者、读者。在这方面，我国近现代出版人的理念和实践对于今天的编辑也具有启迪意义，他们在团结同事、培养作者队伍以及服务读者等方面所做的工作，很值得借鉴。

以张元济为例。在因为人事问题与商务印书馆发起人之一鲍咸昌有矛盾之后，张元济给他写信。信中说："弟与吾兄订交二十余年矣。自入公司后，见吾兄实心办事、公正无私，知公司必能发达，故深愿竭其愚诚以为吾兄之助，而为中国实业造一模范。"①同事是共同创业的基础，但在工作中因为见解、立场的不同而产生矛盾是难免的。关键是，如何对待工作中的矛盾。张元济的信表明：事业是我们共同的追求，在工作中产生的任何矛盾，都应该化解，不能因为一些矛盾而影响了共同创业的凝聚力。

作为编辑家的胡适也是善于在同仁之中铸造凝聚力的高手。当年他办《独立评论》，因为该刊团结了由傅斯年、丁文江、蒋廷黻、陈衡哲、任鸿隽、罗尔纲、张奚若等组成的一个优秀的编辑队伍而在当时的期刊界独领风骚，以至于作为其中一员的蒋廷黻以骄傲的口吻说《独立评论》当然是今日国内第一好杂志。

在对待作者方面，张元济、高梦旦等人亦是编辑的楷模。当年，林纾翻译的小说风行天下，影响很大。林纾是商务印书馆出

---

① 张元济：《张元济全集》（第 3 卷·书信），商务印书馆，2007 年，第 449 页。

书最多的译者，他的成功与张元济、高梦旦等人的资助是分不开的。他们给林纾的译作都支付了高额稿酬。

邹韬奋对待作者的一个特点是"取稿凭质不凭名"。这不但有利于提高出版物质量，还有利于发现新作者。邹韬奋本人对待读者的态度已经成了出版行业的典范，这个典范就是：竭诚为读者服务。至今，三联书店还以此作为它的店训。

对于一个出版机构而言，同仁、作者、读者都是资源。如果对这些资源缺少了凝聚力，事业就无从说起了。

四、借"计算"抓经营管理

在出版的管理方面，"擅长计算"是主持了商务编译出版达25年的王云五在管理方面的一大特点。王云五晚年在总结他的人生经历的《岫庐八十自述》中，说到"算学"对他的事业的帮助。他一生养成计算的习惯：无论做任何事，都要计算其利害得失，考虑其中的利害关系，以此作为判断的标准。他认为："救济之道，舍从速采行科学管理方法，别无他途。……国家无预算，则财政紊乱，根本易致动摇；公司无预算，结果亦正相同。……统计对于一切事业，均有重大关系，其于实业亦然。"[1]

1930年2月，王云五出任商务印书馆总经理。甫一上任，他即出国考察，访问日本及欧美八个国家。其间，他参观了40多家印刷厂，咨询50多位出版管理专家，多方调研。回国后，为推行"科学管理法"，他在商务发表了极具管理精神的长篇演讲《本馆

---

[1] 王云五著、王学哲编：《岫庐八十自述》（节录本），上海人民出版社，2007年，第88—89页。

采行科学管理计划》。"科学管理法"由《科学管理法计划》和《编译所工作报酬标准》组成,它对商务的发展做出了很大的贡献。"科学管理法"在当时的实践难能可贵,它以新观念、新方法、新技术和新器材来加强经营管理现代企业,为民营企业甚至官办企业之首创,对于提高生产力,促进企业尤其是出版企业的发展具有非常重要的作用。毫无疑问,王云五是中国出版的科学管理之父。

王云五的管理方法是可以给人以很有意义的启示的。现在,出版社不乏一些对图书的直接成本和管理成本都很含糊的编辑。有编辑甚至在一本图书推出并销售到一定册数之后,还不知道是否赢利。

综观王云五的出版经历,可以把他所说的"计算"的范围扩大一些。出版人的"计算"范围,除了图书的出版流程的各个方面之外,还有出版单位的人力资源管理。说得再大一点,还应包括图书出版的外部环境,等等。

"擅长计算"的能力就是具体的管理能力,是一个出版人的编辑力的体现。作为一个出版者,如果他不能在关涉图书生产的各个方面的直接或间接的成本上"擅长计算"的话,那是很难做好出版工作的。

好的编辑并不仅仅是"做内容"的,他还应该是"做经营"的。

五、凭执着创新赢得竞争

鲁迅在谈到他创作小说的经历时,说他最初创作小说的动力在于《新青年》的编辑"却一回一回的来催,催几回,我就做一篇,这里我必得记念陈独秀先生,他是催促我做小说最着力的一个"。[1]

---

[1] 鲁迅:《鲁迅全集》(第4卷),人民文学出版社,2005年,第526页。

还是陈独秀与《新青年》的例子。当年，陈独秀经常给远在美国的胡适寄《新青年》杂志，并不断地向胡适约稿。起初，胡适交给陈独秀一些译作。最终，胡适的名篇，被称为"文学革命发难的信号"的《文学改良刍议》，在陈独秀的一再催促之下诞生。

编辑的执着与耐心是可以激发作者的创作热情的，把作者的热情激发出来了，何愁没有出版资源。此外，对于竞争激烈的名家之作，也需要具备执着的精神，用执着的精神参与竞争。当年商务印书馆和中华书局为了梁启超的文集展开了竞争，最后双方各出一种。其实，双方的竞争过程何尝不是一种执着的编辑力的体现。

创新是成功的编辑应当具备的编辑力。当年商务印书馆与中华书局的竞争，很大程度上就是关于"创新"的竞争。以教科书的出版为例。在中华书局创办之前，商务印书馆的教科书一统天下，几乎占尽了市场。中华书局的创办人陆费逵抓住1912年"中华民国"成立之机，迎合新形势，推陈出新，适时出版《中华教科书》。不仅改变了商务的教科书一统天下的格局，而且因其体例新、风行广而要一统天下了。

陆费逵的创新精神使他在竞争中争得先机。

时下，图书的跟风现象非常严重。一本书畅销之后，便会出现跟风现象。《谁动了我的奶酪》引出了很多"奶酪"，《哈佛女孩刘亦婷》引出了诸如"东大男孩""北大女孩""清华男孩"等所谓素质教育方面的图书。应该说，这种形式的跟风是比较低劣的，不利于出版业的发展。

事实上，只要善于借鉴和移植，只要有创新精神，"跟风"也是一种创造、一种创新。如当年商务印书馆有《四部丛刊》，中华书局则推出《四部备要》；商务印书馆有《新字典》，中华书局则推出《中华大字典》；商务印书馆有《辞源》，中华书局则推出《辞海》；商务印书馆有《教育杂志》，中华书局则创办了《中华教育界》……其实中华书局对商务印书馆并不是跟风，它是对商务印书馆的图书品种的移植和借鉴。以上几种书名相近的图书，体例有别，视角不同，不但不是跟风，而且同样具有文化上的积累意义。

王云五也是善于在借鉴中出新的出版家。他推出《人人文库》，是从国外的《人人文库》得到启示的；因为国外的《牛津大字典》，他则推出了《中山大辞典》……"他山之石，可以攻玉"，看来创新是不排除借鉴的。

中国近现代出版人的"旧影"离我们越来越远了，但是，他们的出版理念和实践，还是能给人们带来很有意义的启示的。

（原载《现代出版》2012年第1期）

《琼崖文库》与海南文化建设

"盛世修大典，太平纂鸿帙"。积极建设地方文库是我国各地文化建设的重要内容，而地方文库的建设也往往以内容广博、体例精当、特色鲜明而彰显其不可或缺的重要性。以省、自治区为例，如湖南的《湖湘文库》、广东的《岭南文库》、新疆的《新疆文库》、湖北的《荆楚文库》、福建的《八闽文库》、四川的《巴蜀全书》、浙江的《浙江文丛》……这些文库（全书、文丛）的建设，都因此而得到各地政府的大力资助。2014年，在海南省政府专项资金的支持下，海南出版社启动了重大地方文化出版工程《琼崖文库》的出版工作。

一、《琼崖文库》之前海南地方文库的出版情况

虽然孤悬海外，但是，在历史上，海南对地方文献的整理工作是值得肯定的。詹长智教授在《海南地方文献书目提要·导论》中说："据初步统计，自东晋至清末约1600年间，海南共修府、州、郡、县志112部，现已佚56部，存56部。……约占全国现存志书的6.7%……与海南占全国人口总数的比例大体相同。"然而，由于时代原因，在民国以前，海南地方文献的整理工作并不系统。海南的文献，真正形成系列、形成规模——以今天我们所说的"文库"的形式出现——则是在民国时期以及新中国成立后。

民国时期有王国宪、王梦云主持编纂，海南书局出版的《海南丛书》。新中国成立后则有四套：洪寿祥任主编，周伟民任执行主编，海南出版社出版的《海南地方志丛刊》和《海南先贤诗文丛刊》；卫留成、罗保铭任总顾问，周文彰任领导小组组长，海南出版社和南方出版社共同出版的《海南历史文化大系》；目前由韩少功任主编、海南出版社出版的《琼崖文库》。

《海南丛书》是海南地方文库的发轫之作，收入 21 位海南先贤的著述，包括丘濬的《琼台会稿》、海瑞的《备忘集》、王佐的《鸡肋集》、钟芳的《钟筠溪集》、张岳崧的《筠心堂集》、云茂琦的《阐道堂集》等等，合为 9 集。另外，王国宪还整理、编辑并出版了一些地方志，如《琼州府志》《琼山县志》《儋县志》《琼台书院志》等；撰写和出版了"过琼公"传记，如《唐李卫国公传》《宋李忠定、庄简公传》《宋赵忠简公传》《宋胡忠简公传》，以及《邢湄丘公年谱》《丘文庄公年谱》《海忠介公年谱》《钟筠溪先生年谱》《王忠铭公年谱》等明代海南名贤年谱。虽然《海南丛书》以及王国宪的文化工作——一部分是先贤诗文，一部分是地方志，还有一部分是传记和年谱——在规模上不能与当前的大型文库相比，但王国宪等人第一次将海南文献集中、系统地整理出版的功绩，将为海南文化史永远铭记。

新中国成立以后，对学界、读者影响最大的海南地方文库当数 2003—2006 年间出版的《海南地方志丛刊》和《海南先贤诗文丛刊》。《海南地方志丛刊》收入《正德琼台志》《道光琼州府志》等地方志 78 种；《海南先贤诗文丛刊》收入《白玉蟾集》《丘濬集》《海瑞集》等先贤诗文 26 种。这两套丛书的出版，让当今的学人、读者看到海南文化的基本风貌。比起《海南丛书》以及当年整理出版的地方志来，它们对先贤诗文和地方志的收录更加全面。可以说，它们第一次让海南先贤诗文和海南地方志得到了真正意义上的全面展示。

2008年出版的为海南建省20周年献礼图书——《海南历史文化大系》共104册，分为"特区卷""历史卷""社会卷""名人卷""文博卷""民族卷""华侨卷""文学卷"等8个专题，200多位学者参与。所收入者均为今人著述，有一部分内容是关于海南地方文化的研究成果，因此，这套书对于海南地方文化的建设亦有贡献。

二、《琼崖文库》的主要内容和目前的建设情况

先贤诗文、地方志、"过琼公"史料以及先贤年谱只是海南文化的一部分，不是海南文化的全部内容。出版《琼崖文库》是要让海南文化得到充分的展示，而要让海南文化得到全面的展示，就要充分了解海南文化的精髓。《琼崖文库》筹划之初，主编韩少功和编委郑行顺两位先生就对海南文化做了精辟的概括："琼崖文化是中华民族文化的一部分——既有农业文化的深耕，也有海洋文化的厚积；既有草根文化的繁茂，也有精英文化的丰硕，且以南疆、热带、海岛、多民族等特色璀璨古今。……同时，海南……一直吸引着海内外研究者的目光，存有丰富的研究成果。"由此，编委会确定《琼崖文库》的宗旨是"对海南古代至近现代有价值的典籍、著作、史料及其他文献资料进行一次全面的发掘、搜集、整理并陆续出版，以资阅读和研究，以期有助于本土文化资源的积累和保存"。其入编文献资料、著作等纳入甲、乙、丙、丁四编（甲编，收录历代琼籍人士的文集、著述；乙编，收录历代旅琼人士和社会名士有关海南的诗文、游记、见闻录、人物传

记及其他著述；丙编，收录近现代国外人士有关海南的记述，如田野调查、学术研究、游记、见闻录、人物传记、影像资料等；丁编，收录海南历代史志、典章及其他各类重要文献）。《琼崖文库》的入编标准原则上为1950年以前的典籍、著作、史料及其他文献资料；1950年以后面世的研究海南历史文化的专门著作，视其学术价值适当收入。目前入编的1950年以后的琼籍作家、学者和有关海南文化著述，有著名语言学家邢福义、著名学者叶显恩、著名诗人罗门的著作，相关史料有关于黎族"合亩制"的研究成果。

由此可见，《琼崖文库》既包括先贤诗文、地方志，又包括旅琼人士、外国人关于海南的著述以及其他有价值的史料。这说明它对地方文化的收集范围之全面。

《琼崖文库》将于近期完成首批图书的出版计划，包括《楷法溯源》《岑家梧文集》《邢福义语言学文选》《黎族古代历史资料》《黎族现代历史资料选编》《海南岛黎族的社会组织和经济组织》《海南岛史》《椰岛海南》《张之洞经略琼崖史料汇编》《明清黎情文献四种》《琼崖革命历史文献选编》《琼崖农村海南岛之产业》《近现代琼崖旅行记四种》等重要著述和史料的出版。

秉持严肃的出版态度，为避免在短期内重复出版，将对《海南地方志丛刊》和《海南先贤诗文丛刊》两套丛书中所涉及的104册图书将延后推出。在今后有条件的情况下，组织专家、学者对地方志、先贤诗文进行修订，列入《琼崖文库》出版。

目前，《琼崖文库》的出版不仅工作进展顺利，而且也产生了一定影响。2016年，其中的《黎族古代历史资料》获"第六届中华优秀出版物（图书）奖"（该奖项与"中国出版政府奖""五个一工程奖"并称国家三大图书奖）。2018年，《琼崖文库》入选国家新闻出版广电总局"新闻出版改革发展项目库"。《琼崖文库》中的多种图书还获得"海南省出版政府奖""海南省社会科学优秀成果奖""中南六省优秀社科图书奖"等奖项。随着出版工作的深入,《琼崖文库》必将像《湖湘文库》《岭南文库》一样,成为标志性的地方文化出版工程。

三、《琼崖文库》在海南地方文化建设中的意义

《琼崖文库》可谓"生逢盛世",它的出版条件是以前海南地方文库所不能相比的:一是政府的支持力度;二是前人的成果;三是省内外多位学者的鼎力支持;四是不断被发掘的资料。海南出版社计划用10年完成出版工作,推出300册图书;同时,建立数据库。《琼崖文库》在海南地方文化建设中的意义,可以用一句话概括:对海南地方文献和海南地方文化做一次全面的发掘和整理;对海南地方文献和地方文化做一次全面的展示。

相信随着《琼崖文库》入编图书的陆续出版,世人将充分领略海南文化的丰富内涵。而海南长期被"文化沙漠"的贬谥所遮蔽的绿洲,将呈现出多姿多彩的真容。

(原载《今日海南》2019年第2期)

网络著作权的法律保护研究

——以图书出版为视角

引 言

21世纪将是一个网络著作权的新时代。

起源于1969年美国国防部高级研究计划署的因特网从20世纪90年代以来得到迅猛的发展,如今的因特网可谓日新月异,影响了多数人的生活。据相关部门的统计,到2010年9月,使用互联网的中国网民已达到4.04亿;在今年之内,全球"网民"将达到17.3亿。由此而引发了关于著作权的诸多问题。毫无疑问,著作权的保护范围和内容也在不断地发展和深化。有论者认为:"随着互联网为代表的新经济成为一个利益巨大的经济部门,传统的著作权人希望将其对传统作品的权利自然延伸到网络上,网络上的既得利益者则希望网络上的权益能得到传统著作权的扩大保护。"①但现在的情况是:我们并没有填补由于网络的快速发展与相关立法滞后的"缺口"。于是,网络著作权纠纷此起彼伏,纷争不断。

这几年来,最受关注的网络著作权侵权事件是发生在2009

---

① 郭扬:《刍议网络著作权侵权》,见中国法院网 http://www.chinacourt.org/public/detail.php?id=200237,2010年9月25日访问。

年的谷歌数字图书馆侵权案。谷歌数字图书馆在未经授权的情况下，将570余位中国作家的作品扫描上网，此举引来众多中国作家的强烈不满。"作家麦家认为，网络时代，虽然存在侵权盗版行为的网站多如牛毛，但谷歌作为行业大鳄，这样做有失风度。"[1]谷歌对中国作家的侵权行为立即引起中国政府的高度重视，2009年10月28日，中国国家版权局联合文化部、教育部、全国"扫黄打非"工作领导小组办公室下发了《关于加强图书馆著作权保护工作的通知》，要求各地有效维护著作权人的合法权益，加强对图书馆使用和传播作品行为的管理。通知还要求："……图书馆要依照著作权法律法规，按照'先授权、后传播'的作品使用原则……杜绝未经许可复制或通过信息网络传播他人作品的行为。"这是到目前为止涉及谷歌数字图书馆事件最明晰的规定，也表明国家版权局打击网络著作权侵权行为的坚决态度。国家版权局有关负责人表示，谷歌的行为涉嫌违法，国家版权局支持中国作家依照法律和事实进行维权。

谷歌数字图书馆侵权案只不过是网络著作权侵权案中的一个典型案例。事实上，网络传播遍及全球范围的广泛性，使得网络著作权的侵权问题层出不穷。

10多年来，我国互联网的发展迅猛异常。2010年4月15日，中国互联网信息中心在北京发布的报告显示，互联网在城镇的普及率是44.6%；而农村仅为15%，网民规模就已达到1.0681亿人。未来五年，中国互联网普及率将达到45%。互联网的网络空间在日益拓展，其社会公众参与之广、表达方式之多，绝非任何传统媒体所能及，别有用心的人则可以轻而易举地从这倘来之物中牟

---

[1] 《深圳商报》2009年12月8日。

取丰厚利益。网络著作权的侵权问题既十分严重又很难遏制，亟需我们认真对待，努力解决。

网络著作权所涉及的领域是多方面的，本文仅以图书出版为视角，对网络著作权的法律保护问题进行粗浅的研究探讨。

一、网络著作权的概念和特征

著作权，亦称版权，"是指作者或其他著作权人依法对文学、艺术和科学作品所享有的专有权利的总称"。① 网络著作权尽管属于著作权的范畴；但因其较特别，因此它具有其独立的概念和特征。

（一）网络著作权的概念

网络著作权，是指著作权人对受著作权法保护的作品在网络环境下所享有的著作权权利。由于我国《著作权法》定义的著作权与版权为同一语，因此，网络著作权亦称网络版权。在一般情况下，网络著作权有两层含义：一、是指传统作品被上传至网络时著作权人所享有的权利，这里特指"信息网络传播权"；二、是指网上数字作品著作权人所享有的权利，包括复制权、署名权、发行权、发表权等等。

早在 2001 年修改《著作权法》时，我国立法机关根据实践中产生的新情况、新问题，在第 10 条关于著作权的具体权利中增加了 10 多项新规定，其中第 12 项是关于"信息网络传播权"的规定："信息网络传播权，即以有线或者无线方式向公众提供作品，使公众可以在其个人选定的时间和地点获得作品的权利。"

---

① 吴汉东：《知识产权法》，中国政法大学出版社，2004 年，第 27 页。

这就从法律上确认了传统著作权在网络等电子环境下所享有的受保护地位。2000年11月22日，最高人民法院审判委员会第1144次会议通过的《最高人民法院关于审理涉及计算机网络著作权纠纷案件适用法律若干问题的解释》第2条规定："受著作权法保护的作品，包括著作权法第三条规定的各类作品的数字化形式。在网络环境下无法归于著作权法第三条列举的作品范围，但在文学、艺术和科学领域内具有独创性并能以某种有形形式复制的其他智力创作成果，人民法院应当予以保护。"这条司法解释明确了两个问题：一是作品的数字化形式受著作权法保护，二是新的数字化作品同样受著作权法保护。任何媒体，不论是传统意义上的媒体，还是网络媒体，未经著作权人许可，或者达不到法定许可的条件，擅自复制、转载、传播他人作品的，均构成侵犯著作权，应依法承担法律责任。

（二）网络著作权的特征

网络著作权的特征主要体现在开放性、易被侵犯性和难以保护性等三个方面。

1. 开放性

在网络上没有地域，也没国界，网络对于任何人、任何地区都是公开的、开放的。人人可以在任何一个地方登录互联网，随意将网络作品发布到任意一个网站上。这种情况意味着网络著作权在地域性上的消失。专家认为，这种情况是"计算机网络的全球性与传统知识产权的地域性之间的总冲突"。① 因此，发布在网

---

① 郑成思：《中国知识产权保护的新发展》，载《中国专利报》1998年5月13日。

络上的作品，有时很难确定它们发布的具体位置，发生纠纷后的司法问题和法律问题也就难以确认。

2. 易被侵犯性

网络著作权之所以容易被侵犯，原因在于：首先，发表在网络上的作品流传面非常广。网络作品一旦在网上发表，就可以在全世界范围内得到传播，容易被形形色色的侵权者所关注。其次，网络作品发表在互联网上，如果不设置技术限制，任何用户都可以不经著作权人许可，随意对其作品进行访问、下载和转载。侵权者只要通过计算机上的"复制"和"粘贴"两个简单的操作，就可以"使用"网络上的作品，造成侵权。

3. 难以保护性

网络著作权之所以难以保护，原因在于：首先，网络自身具有普及、高效、方便的特点，网络著作权的权利人无法控制他人使用其"网上"的作品。其次，网络著作权的法律滞后于网络的发展。作品进入互联网后，就成了网上的共有产品，只要懂得简单的电脑操作的人，都可轻易地得到该作品，可是关于网络著作权权利调整的法律却非常欠缺。

二、网络著作权法律保护的域外考察

《诗经·小雅·鹤鸣》云："它山之石，可以为错。"本文以图书出版为视角来考察域外网络著作权的保护情况，为我们提供有益的借鉴。因此，这部分内容除了考察国际社会及西方主要国家对网络著作权保护之外，还考察了欧盟对网络著作权的核心内容复制权的保护，美、英、日等国对著作权的刑法保护，以及西方主要国家对网络著作权进行委托管理的经验。

（一）国际社会和西方主要国家对网络著作权的保护

国际社会以及重视网络著作权保护的国家在保护网络著作权方面已经走过了一条很长的路，其探索精神和取得的成果都是值得我们尊重和学习的。

由于网络传播权在网络著作权中具有重要的地位，国际条约对网络著作权的立法，主要是关于网络传播权的内容。《伯尔尼公约》（全称为《保护文学和艺术作品伯尔尼公约》，本文用简称）毫无疑问是世界上最有影响的版权公约，但是它对传播权的规定分散在各个条文之中，既不系统，又不完善，难以应对信息化时代互联网对著作权的挑战。1996 年 12 月，世界知识产权组织在瑞士召开了"关于著作权及邻接权问题的外交会议"，通过了两个被称为"互联网公约"的《世界知识产权组织版权条约》和《世界知识产权组织表演和唱片条约》。《世界知识产权组织版权条约》第 8 条"向公众传播的权利"对互联网传播方式做了原则性的规定，即"文学和艺术作品的作者应享有专有权，以授权将其作品以有线或无线方式向公众提供，使公众中的成员在其个人选定的地点和时间可获得这些作品"。[①] 该条约还明文规定将计算机程序作为文学作品保护。它尤其注重独创性，对数据汇编（数据库）等内容的选择或编排构成独创性的予以保护。

迄今为止，世界知识产权组织的互联网公约已经在包括中国在内的约 100 个国家正式实施，但实践证明，这些互联网公约只为数字环境下的作品提供了最低水平的保护。同时，公约中很多条文的用语都是开放且模糊的，这就为缔约各国留下了自由裁量

---

① 《世界知识产权组织版权条约》（1996），见郑成思主编：《知识产权文丛》，中国政法大学出版社，1999 年，第 363 页。

的空间来决定如何贯彻实施。因此，各缔约国在公约涉及的问题上都存在众多不同的规定，各国的立法都存在很大的差别。

欧盟关于网络著作权保护的法律主要是 2001 年 6 月 22 日公布在《欧共体公报》上的《欧盟议会和理事会关于协调信息社会中版权和相关权某些方面的指令》(EU Copyright Directive，简称《版权指令》)。该指令认为，如果不能有效地保护各种权利，如果容忍种种形式的对作品的非法传播（包括网络作品），保护文化传播的目的就难以达到。《版权指令》第 7 条规定了成员国保护权利管理信息的义务："成员国应当提供适当的法律保护以防范未经作者授权的下列行为：1. 移动或修改任何电子权利管理信息；2. 向公众提供，分销、进口分销，广播或者推广未经作者授权而擅自移动或者修改了电子权利管理信息的作品或者其他数据库。"①

美国对网络著作权的管理主要体现在 1998 年颁布的《千禧年数字版权法》(Digital Millennium Copyright Act，简称"DMCA")中。这项法律涉及在网络上传输文件、网上作品的临时复制、数字出版、数字发行、作品合理使用范围的重新定义以及数据库的保护等等；同时，规定未经允许在网上下载电影、音乐、游戏、软件的行为为非法。《千禧年数字版权法》中的《在线版权侵权责任限制法案》对"临时性数字网络传输""系统缓存""根据用户指令存放在系统中的信息""信息定位工具"等关涉网络著作权的相关问题都做了严格而具体的规定。在《千禧年数字版权法》出台之前，极其注重网络著作权保护的美国人于 1995 年公布了

---

① 转引自丛立先：《网络版权问题研究》，武汉大学出版社，2007 年，第 220—221 页。

信息基础设施工作机构知识产权工作组织的报告《知识产权和国家信息基础设施》,即通称的"白皮书"。白皮书认为没有必要就作品的网络传输再另行规定新的权利,版权人现有的发行权、公开表演权、公开展示权就足以包含这种新的传播方式。1997年,美国国会通过了《网络著作权责任限制法案》和《数字著作权和科技教育法案》。以上这些法案的相继出台表明美国在网络著作权保护方面所做的努力。

在网络著作权保护方面,澳大利亚的《1999年版权法修正案》值得关注。这项公布于1999年2月的法案的特别之处在于:它赋予版权人一种新的技术上中立的公开传播权。该法案明确规定:传播是以电子形式传输或者在线提供(不论是否通过某种形式的线路)必须使用接收设备才能听到或者看到的声音、图像或视听资料。这项新的传播权范围广泛,综合了网络传输、无线电广播、有线传播方式。为了适应技术的不断发展,该方案不限定传输使用的技术。

日本于1997年通过了著作权法修正案,扩大了原来的公开传播权的范围,明确了日本现行法中有线及无线传输行为均属于公开传输的行为,规定了著作权人就其作品享有授权公开传输的专有权。

毫无疑问,欧盟、美国、澳大利亚、日本等西方发达国家,都根据互联网公约所涉及的问题,努力使自己对网络著作权保护的立法富有科学性和建设性。它们很少有内容泛泛的条例和规定,每一项法案都具有实质意义,都有利于对网络著作权的保护。例如,美国白皮书提出在版权中设立一个新权利,即传输权。这种权利被定义为:通过可以使复制或录音作品固定的设计和程序将这些复制品发行到其被发送地以外的地方。此举虽然使公众获取信息的权利受到限制，一些学校和图书馆认为由著作权法来调整传输权是不适当的；但网络著作权所有人因为这种做法能有效地保护网络著作权，对于他们是极为有利且求之不得的，因此这种著作权法中的新权利很受欢迎。

（二）欧盟对网络著作权核心内容复制权的保护

网络著作权的核心内容是复制权——这里所说的复制权，是指网络环境中的复制权。在互联网时代，网络传播作品都是通过数字化来完成的，所以，网络传播的一大特点就是反反复复地复制。当网络著作权一次又一次地被侵犯之时，也就意味着复制一次又一次地发生。

由于复制权是网络著作权的核心内容，因此，国际条约、欧盟对与网络相关的复制权问题一直非常重视。它们的一些措施值得我们借鉴。

《伯尔尼公约》第9条第（1）款规定："受本公约保护的文学艺术作品的作者，享有授权以任何方式和采取任何形式复制这些作品的专有权利。"由于这项规定确定之时互联网还没有得到迅猛的发展，因此，它难以对网络环境中的非法复制行为起到制约作用。为此，1996年世界知识产权组织通过的《世界知识产权组织版权条约》在其所附的声明中特别强调："《伯尔尼公约》第9条规定的复制权及其例外完全适用于数字化环境，尤其适用以数字化形式使用作品。受保护作品以数字化形式在电子媒介上的存储构成《伯尔尼公约》第9条意义上的复制。"

在这方面，欧盟的做法显得更加积极一些。2001年5月22日，通过了《欧洲议会和欧盟理事会关于协调信息社会中著作权和相关权若干方面的第2001/29/EC号指令》（以下简称《指令》）。这是一项网络著作权保护的重大成果,"它标志着对于数字网络环境对信息社会所带来的挑战,欧盟经过数年的征询和讨论得出了结论"。①

《指令》的第二条对复制做出了宽泛、综合的定义,包括几乎所有的复制行为,无论是网上还是网下,有形形式还是无形形式,临时形式还是永久形式。根据《指令》的规定,复制权由作者、表演者、录音和电影制作者以及广播组织者享有,其作品或其他客体受到相同水平的保护。《指令》第二条的定义包括直接复制和间接复制,临时复制和永久复制,以及任何方式和形式的复制行为。②

《指令》的突破性意义在于它对复制行为"做出了宽泛、综合的定义",具体地说,就是它"包括几乎所有的复制行为"。由此可以看出,《指令》所确定的复制行为的范围更加清晰了,态度更加明确了,限定更加严格了。《指令》序言部分的第32段,还说明了该《指令》第5条对著作权和相关权利的限制的列举是穷尽式的。虽然根据第5条第3款的规定,对模拟技术制作的作品的使用各成员国可放宽一些限制,但文字图形作品即图书仍然不能在穷尽列举原则上让步。笔者认为,欧盟关于复制权保护的《指令》,对于防止图书网络著作权的侵害意义举足轻重。正是因为如此,在欧盟诸国图书网络著作权的侵权案件较为少见。这一点对于我们的立法颇有启迪意义,在"个人计算机以及互联网带

---

① 王迁:《中欧网络版权保护比较研究》,法律出版社,2008年,第16页。

② 王迁:《中欧网络版权保护比较研究》,法律出版社,2008年,第20页。

来固定作品的新方式及承载作品的新型载体,对复制权的适用产生了重大影响"①的时代,我国的著作权法及相关法律法规对于网络环境中的复制权还只是一些泛泛而笼统的界定,这不能不说是我国在网络著作权保护方面的缺失。

(三)国际著作权组织对网络著作权的集体委托管理

对网络著作权的集体委托管理,可以对网络著作权的侵权起到遏制作用。由于互联网在当今的迅猛发展及由此而引发的层出不穷的著作权问题,国际著作权组织和世界上很多国家成立的著作权集体委托管理机构自然而然地把集体委托管理的范畴扩展到网络著作权集体委托管理方面。

著作权集体委托管理(包括网络著作权集体委托管理),是指著作权人(包括邻接权人)授权著作权人集体委托管理机构,由其代为管理和行使权利。著作权集体委托管理机构的职能主要体现在四个方面:接受授权,发放许可,分配报酬,收取使用费。2005年1月14日国务院发布的《著作权集体管理条例》的第二条明确规定:"本条例所称著作权集体管理,是指著作权集体管理组织经权利人授权,集中行使权利人的有关权利并以自己的名义进行下列活动:(一)与使用者订立著作权或者与著作权有关的权利许可使用合同;(二)向使用者收取使用费;(三)向权利人转付使用费;(四)进行涉及著作权或者与著作权有关的权利的诉讼、仲裁等。"条例中所说的"著作权集体管理组织"与"著作权集体委托管理组织"的功能是一样的,它们都必须经权利人授

---

① 王迁:《中欧网络版权保护比较研究》,法律出版社,2008年,第11页。

权,"集中行使权利人的有关权利"。

国际著作权组织、西方主要国家对网络著作权集体委托管理源于著作权集体委托管理组织。最早的著作权集体委托管理组织是由著名戏剧作家博马舍倡导而成立于 1777 年的法国戏剧立法局,此后,美、英、德、日等国都成立了各种类别的著作权委托管理组织。也就是说,在互联网尚未兴起之时,著作权集体委托管理组织已经在国外运行了 200 多年,而且,很早就从戏剧著作权扩展到图书著作权等各种著作权。

当今,国际著作权组织和世界上很多国家都成立了著作权集体委托管理机构。如:由国际著作权组织或者根据国际著作权公约组建的世界范围内的著作权集体管理组织有国际唱片业协会、国际复印权联合会、国际作者作曲者协会联合会、国际复印权组织联合会等。依据国际公约形成的集体管理,使作品在国际的会员间授权使用,各国著作权机构逐渐建立了国与国之间的相互代表协议制度,以便在自己的国家内可以保护与之签约的其他国家集体管理机构的权利。这样,成员国之间的著作权人的作品,依照协议可以得到相互的保护。由美国互联网用户、互联网服务提供商、非营利性组织、在线出版商、民权社团等组建的"公民互联网授权联盟"将著作权集体委托管理模式直接扩展到互联网上。致力于"知识产权立国"的日本在 20 世纪 90 年代就注意到数字时代著作权的保护问题,提出建立"著作权权利信息集中机构"的设想。①

在这方面,"公民互联网授权联盟"将著作权集体委托管理

---

① 张静:《网络版权的国际保护及其对于我国的借鉴》,载《中国出版》2009 年第 12 期(上),第 53 页。

模式直接扩展到互联网上,直接参与了网络著作权的管理,更好地保护了网络著作权。例如,要使图书作品在管理组织的会员间授权使用,各国著作权机构建立了国与国之间的相互代表协议制度,以便在自己的国家内可以保护与之签约的其他国家集体管理机构的权利。成员之间的著作权人的图书,依照协议彼此的网络著作权都可以得到保护。当然,这种互相保护要在本国的法律中加以明确规定和转接,才能得到落实。

(四) 美、英、日等国对网络著作权的刑法保护

美、英、日等国对网络著作权的刑法保护没有具体的规定,但是,这些国家对著作权的刑法保护有完整的法律。由于网络著作权是著作权的一部分,由此,这些法律也适用于网络著作权。

美国在 1982 年首次由国会将一些侵犯著作权的犯罪定为重罪。"于 1992 年 10 月制定了著作权重罪法,规定对于特定侵犯著作权的犯罪,只要复制 10 件并且价值超过 2500 美元,最高就可处 5 年监禁刑。"[①] 在英国,著作权刑法的惩罚力度也在加大。"英国法院已经清楚表示,侵犯著作权犯罪将被视为与欺诈罪或偷窃罪相等同的'真正犯罪'。当前这种犯罪十分普遍,侦查难度很大,但是法院强调,侵犯版权犯罪已被认为是非常严重的犯罪,即便侵权行为规模小,如复制 48 盘录像带,也会被判处监禁刑。侵犯复制品越多或复制品价值越大,其惩罚就越重。"[②]

---

① 栾莉:《美国著作权刑法研究》,见王世洲主编:《关于著作权刑法的世界报告》,中国人民公安大学出版社,2008 年,第 76 页。

② 林江:《英国侵犯版权罪概述》,见王世洲主编:《关于著作权刑法的世界报告》,中国人民公安大学出版社,2008 年,第 238 页。

  "日本为加强对著作权的保护并保证知识产权刑事罚则整体的统一和协调，不断地提高著作权类犯罪的法定刑，表现出了打击著作权类犯罪的强硬态度和决心。"①

  日本的这种"强硬态度和决心"，使其网络著作权得到很好的保护，有效地推动了数字出版业的发展，图书出版的发展尤其迅速，电子图书更有异军突起之势。2008 年日本的电子图书市场市值达到 460 亿日元，2009 年更是超过了 500 亿日元，这相当于纸质媒体出版市场的 2.5%。日本把 2010 年称为"电子图书元年"。在相关调查中，表示"最近就会感受一下电子图书"的人占 53.5%；而在 2009 年 9 月的同样调查中，这一统计数据只有 33.2%。因此，日本国内电子图书的市场份额很快就会扩大到纸质媒体的 10%。同时，日本的电子图书在大大地推动着纸质图书市场的繁荣。2010 年 5 月，日本最有代表性的作家之一五木宽之授权，将他的最新力作《亲鸾》的上卷发布在互联网上，当月的点击量就超过 50 万，该书在书店的销量马上涨了 25%。在同一个月内，日本推理小说代表作家京籍夏彦的新作《去死了就好》在 iPad、iPhone、PC 以及手机上全面展开销售，结果五天之内下载超过一万，取得了 iPhone 图书类第一名。由于有了电子图书的宣传，纸质图书马上加印了三万册。纸质媒体和电子媒体相加效果是 1＋1＞2，获利非常可观。

  除了美国、英国、日本等国家外，韩国、澳大利亚、中国台湾等国家和地区也在不断地加大著作权刑法的打击力度。比如，韩国的著作权惩罚有权利侵犯罪、非法发行罪、来源明示违反罪、

---

① 刘淑珺：《日本对著作权的刑法保护》，见王世洲主编：《关于著作权刑法的世界报告》，中国人民公安大学出版社，2008 年，第 599 页。

双罚规定等罪名，强化了对著作权侵犯行为的处罚力度，对著作权维护起了重要作用。

要有效地保护网络著作权，就要加强网络著作权刑法的打击力度。以上所提到的美、英、日等国对著作权的刑法保护，为网络著作权刑法保护提供的借鉴极为重要。

三、网络著作权受侵害的现状及成因分析

要从图书出版的角度考察网络著作权问题受侵害的现状，就要关注"网络资源"与纸质图书出版中存在的著作权问题。本文所说的"网络资源"，是指在互联网中存在的被纸质图书的出版者通过使用、选用、选编、摘录等形式复制，从而推出纸质图书的相关资源。"网络资源"可以是出现在网络上的一部作品、一篇文章，也可以是一张图片，等等。总之，它能为纸质图书的出版者所利用，从而变成一本纸质出版物的全部、主体或者一部分内容。在纸质图书的出版还占据着出版产业的主导地位，而互联网上的"网络资源"又非常丰富的当下，一些纸质图书的出版者、"作者"，无视网络著作权权利的存在，直接从互联网上复制"网络资源"，从而造成侵权。

（一）网络著作权受侵害的现状

如今，人们往往会感慨一本纸质图书的出书速度之快，在短短的五六天时间内，出版社竟然能完成一本图书从选题策划直到推向市场的过程（其中包括选题呈报、审稿、编校、印刷等出版流程）。事实上，这种情况在近 10 年前就开始出现了：2001 年，"9·11"恐怖袭击事件（以下简称"9·11"）发生后的 10 天内，

有关"9·11"的图书已经出现在市场上。当时,即使是业内的出版人,也会为这批书的出书速度之快而感到惊讶。此后,类似的"快书"大举推出,也就不足为怪了。2003年4月1日,香港著名艺人张国荣跳楼自杀,同样是在几天的时间内,关于他的图书的各种版本已经充斥当年的长沙图书订货会。2009年6月25日,美国流行音乐天王麦克尔·杰克逊猝然离世,关于他的纸质出版物也是在很短的时间内遍布大小书店。

实际上,这些"快书"的出现往往意味着网络著作权侵权。因为纸质图书的出版速度之所以如此之快,其最大的因素是得益于"网络资源"。由于网上存在着大量的相关材料(比如关于"9·11"的、关于张国荣的、关于麦克尔·杰克逊的),同时,关于这些网络作品的著作权的监管又没有力度,因此,纸质图书的出版者和"作者"们可以在不顾及著作权的情况下,将"网络资源"据为己有,拼凑成书。

1. 纸质图书对"网络资源"的侵权情况

由于一些出版者和一些所谓的"作者"急功近利,漠视相关的著作权问题,侵权情况屡见不鲜(如上面提到的"快书"的情况)。因此,在"网络资源"与纸质图书出版中存在的侵权情况是严重的。

网络著作权受侵害的情况是复杂的、多样化的,具体而言,有以下几种主要情形:

(1)直接下载网络上的整部作品

网络为众多的作者提供了发表作品的平台,使他们不再像以前那样,必须通过图书和报刊才能让公众读到自己的作品。只要通过简单的操作,就可以将作品发表在网络上。由于网络作者中不乏优秀的作者(这几年来火爆图书市场的《明朝那些事儿》

《鬼吹灯》《第一次的亲密接触》等图书，就是首先在网络上引发流行的。这些图书在网络上确立它们的影响力之后，推出纸质图书时，销量可观，《明朝那些事儿》共计销量已达到上千万册），因此，网络中可供推出纸质图书的作品也是可观的。

有的出版者看中了网络上"现成的"作品，在没有得到著作权所有者授权的情况下，直接从网上下载，推出纸质图书。这种直接下载网络上的整部作品推出纸质图书的行为，在纸质图书对"网络资源"的侵权问题中属于最为严重的。

（2）将"网络资源"拼凑、选编成纸质图书

有的图书是直接从网络上下载相关材料，拼凑、选编而成的。这种情况在纸质图书对"网络资源"的侵权问题中较为普遍。我国内地首例由网站对传统媒体提起的侵权诉讼案就很能说明这个问题。原告上海榕树下计算机有限公司（以下简称榕树下公司）创办的"榕树下"网站是全球最大的中文原创作品网站之一，发表了大量网络原创作品，同时，网站与作者签订了著作权许可使用合同。2000年4月，中国社会出版社推出"网络人生系列丛书"，未经榕树下公司的许可，收录原告享有著作权的《网事悠悠》《寂寞如潮》等九篇文章，并在全国范围内公开发行。为此，榕树下公司将中国社会出版社告上法庭。

（3）滥用网络上的图片

如今是"读图时代"，一般读者对图文书有特别的要求。即便是一部严肃的学术著作，加上适当的图片，阅读起来还是直观一些。（比如，上海人民出版社出版的英国大历史学家汤因比的巨著《历史研究》，以及广西师范大学出版社出版的李泽厚著作《美的历程》《美学四讲》《华夏美学》等的图文本就吸引了大量读者。）于是，为了市场，为了销售量，纸质图书的出版者就必

须收集大量图片。正常获取图片的方式无非是到图片公司购买，或者是派人实地拍摄，采集。但是，这种正常的方式在一些图书出版者那里变得"复杂"了，他们认为：与其花上这样的人力、物力，还不如直接从网络上下载。

网络上的图片资源确实很丰富，在很大程度上能满足一般出版物的要求。于是，这些出版者只求便利，漠视著作权的存在，直接下载，用到纸质图书之中。几年前，一个出版社同行告诉笔者，他以前所编辑的一本图文书，除了有一小部分的图片是解决了著作权问题的之外，全书200多张图片，有近200张是没有解决著作权问题的。这些"问题图片"，主要是直接从网络上下载的，根本没有解决著作权问题。

这当然是其中的一个特别的例子。但是，无视著作权，滥用网上的图片的问题，在纸质图书的出版者那里还是比较严重的。

2. 其他几种常见的与图书出版有关的网络著作权侵权行为

由于本文以图书出版为视角，这里介绍几种常见的与图书出版有关的网络著作权侵权行为。从这几个方面，可以看出网络著作权侵权行为的多面性和复杂性。

（1）网站与图书出版有关的侵权行为

由于网络著作权包括"传统作品被上传至网络时著作权人所享有的权利"，因此，当一部作品以传统的纸质图书的形式出版之后，被复印转载到互联网上，也是网络著作权的侵权行为。早在1999年，就发生过我国第一起因将他人作品转载到互联网上而引发的网络著作权纠纷。

当年，作家王蒙、张洁、张抗抗、张承志、毕淑敏、刘震云等六人委托各自的律师，向北京市海淀区人民法院提出诉讼，状告北京世纪互连通技术有限公司侵犯其著作权。

北京世纪互连通技术有限公司是北京市从事互联网技术比较有名的一家公司，该公司开办的网站"北京在线"在网民中享有较高的知名度。为了加大网站的信息量，该公司把作家们已经出版的作品——《坚硬的稀粥》《漫长的路》《一地鸡毛》《预约死亡》《黑骏马》《北方的河》与《白罂粟》等上传到"北京在线"网站上。六位作家声称：被告事先没有得到口头许可，更没有取得书面授权，就将原告享有完全著作权的作品搬进互联网，这种行为严重侵犯了原告对其作品依法享有的使用权、报酬权。原告要求法院判令被告停止侵权、公开致歉、赔偿经济损失和精神损失等。①

这桩著作权官司反映了传统出版物与互联网之间发生的网络著作权问题。事实上，由于网站以及其他互联网内容提供者的著作权意识还有待提高，在传统出版物与互联网之间发生的此类网络著作权冲突还在不断发生。当今，网站存在著作权问题的作品"转载"情况还是很严重的。

（2）博客与图书出版有关的侵权行为

如今，博客盛行，很多个人、单位都有自己的博客。然而，博客的盛行也引发许多网络著作权问题。博客与图书出版之间发生的网络著作权问题主要有两个方面：一是"博主"未经著作权人许可，随意将纸质出版物中的内容复制，载入自己的博客；二是纸质出版物的出版者未经"博主"许可，擅自使用其作品，推出纸质图书。

（3）网上书店（购物网站）与图书出版有关的侵权行为

一些网上书店所提供的关于图书的内容介绍、书评等文字，往往是未经著作权人许可，直接从其他渠道载录的。而这些"网

---

① 见《南方都市报》1999年6月15日。

络资源",也有可能被纸质图书的出版者所使用。比如,某出版社请 A 选编一本关于著名作家 B 的研究资料集。A 在此类网站上看到 B 的相关材料,于是,直接将这些材料下载,选入关于 B 的研究资料集,交给某出版社出版。自然,在此过程中,无论是网上书店、选编者 A,还是出版社,都已经构成了网络著作权侵权。

(4)"网上图书馆"的侵权行为

有些以获取利益为目的的"网上图书馆",在没有得到著作权所有者授权的情况下,将著作权人的成果"据为己有",公开在网络上售卖。以下是一个案例:

北京书生数字技术有限公司(一家网络经营商,以下简称书生公司)未经著作权人许可,在其经营的所谓"书生之家数字图书馆"网站上,将许多作者的作品数字化,公开通过网络向用户售卖,并对外宣称已经取得授权。2004 年 3 月,被侵权的郑成思等七位法学教授将书生公司诉至法院。2004 年 12 月 20 日,北京市海淀区人民法院做出一审判决。根据一审判决,书生公司经营的"书生之家数字图书馆"侵犯了郑成思等七位法学教授的信息网络传播权,应当停止侵权,公开向作者道歉,赔偿损失,承担全部诉讼费和律师费等。此后,书生公司为混淆视听,抛出"版权过时"论,并无中生有,以"盗版"为由,将原告诉至法院。2005 年 6 月 10 日,北京市第一中级人民法院对郑成思等七位法学教授诉书生公司侵犯版权一案做出终审判决,驳回书生公司无理上诉,维持一审判决。①

---

① 见郑成思《图书馆、网络服务商、网络盗版与"利益平衡"》一文,收入沈仁干主编:《郑成思版权文集》(第 3 卷),中国人民大学出版社,2008 年,第 589 页。

互联网上不乏像北京书生数字技术有限公司这样，以营利为目的，未经著作权人许可，将著作权人的成果公开售卖的"网上图书馆"。这类"网上图书馆"与图书出版之间的网络著作权侵权主要体现在这个方面："网上图书馆"将传统纸质出版物中的内容"数字化"并在网络上公开售卖的过程中造成的网络著作权侵权。另外，"网上图书馆"中的作品、材料也会被纸质图书的出版者所关注。当一些没有得到权利人许可的作品、材料被纸质图书的出版者购买，从而推出纸质图书之时，也造成网络著作权侵权。

（二）网络著作权受侵害的成因分析

由图书出版提供的视角，我们可以看到：在我国，网络著作权的侵权问题是严重的，其原因在于网络的开放性和网民的随意性，我国民众的网络著作权意识淡薄，以及我国关于网络著作权相关法律法规的缺失等几个方面。

1. 网络的开放性和网民的随意性

（1）网络著作权受侵害的原因，跟网络的开放性有很大的关系。任何一个懂得简单的电脑操作的人，都可以自由地在互联网上发表作品、展示图片，在漠视著作权的情况下，还可以做到"自由地"使用别人的作品、粘贴别人的作品。

（2）正是由于网民的随意性，很多作品在网上被反复粘贴的过程中并没有经过著作权所有者同意；在很多情况下，甚至连著作权所有者的名字都没有署上。这些作品在被随意粘贴、被反复使用的过程中，已经被反反复复地侵权。

2. 我国民众的网络著作权意识淡薄

（1）网站的网络著作权意识淡薄。这些年发生的由网站漠视著作权而引发的侵权案不在少数，由作家状告网站的侵权案就发生过多起。作为互联网内容的最大提供者，网站漠视著作权的行为令人忧虑。

（2）网民的网络著作权意识淡薄。关于网络著作权的侵权问题主要来自复制，不论是从网络上复制别人的作品，还是把别人的作品复制到网络上，我们都可以在日常生活中看到我国网民在复制的过程中表现出来的网络著作权意识淡薄的行为。

3. 我国关于网络著作权相关法律法规的缺失

（1）我国关于网络著作权法的立法体系不够完善，《著作权法》及相关法律法规与网络发展不同步，现行法律难以应对层出不穷的网络著作权问题。

（2）我国著作权刑法不够严厉，尤其是在网络侵权方面，导致很多侵权者在侵权时没有畏惧心理。

（3）我国关于保护网络著作权的监管机构还没有完全建立起来，网络著作权的合法权利得不到保障。

（4）我国网络著作权的集体委托管理机构还不健全，网络著作权权益人难以为其作品的权益找到可以委托的机构。

四、防止侵害网络著作权的对策

针对我国在侵害网络著作权方面存在的问题，笔者认为，应该采取以下对策来解决。

（一）增强网络著作权的法律意识

意识之所以重要，是因为意识能够指导人们有目的、有方向、有预见地行动。正确的意识对行动的进程起着巨大的促进作用，错误的意识则起阻碍作用。增强网络著作权的法律意识，就是对网络著作权的保护，要牢牢树立法律至上、有法必依、违法必究的法治观念。而时至今日，我国民众的著作权意识淡薄尤其是网络著作权意识淡薄的状况令人担忧。

这些年来，我国关于侵权问题的事件频频发生，侵权者当中有两院院士，名牌大学校长、教授，出版社社长，作家协会主席，少年作家，等等。侵权者对著作权相关法律法规的漠视以及对侵权行为的"无畏"，不能不说是当今社会的一大忧患。

针对网络著作权的侵权情况，要从以下两个方面解决这个问题：

1. 加强关于网络著作权保护的宣传力度。当前，我国对网络著作权保护的宣传力度还不够，关于网络著作权侵权危害性的宣传还没有"深入人心"。所以，要加强关于网络著作权保护的宣传力度，让广大民众认识到保护网络著作权的重要性和侵犯网络著作权的违法性和危害性，从而使侵犯网络著作权成为人人得而诛之的丑陋行径。

2. 培养广大网民对网络著作权保护的自我意识。目前，我国网民已经超过四亿人，要通过宣传、教育等多种方式，让广大网民意识到保护网络著作权"人人有责""从我做起"，培养他们对网络著作权保护的自我意识，自动自觉地按照保护网络著作权的精神进行实践。

（二）完善网络著作权的法律体系

尽人皆知，依法治理，有法可依，法是必备的前提。如果没有法律或法律很不完备，实施法律治理便无从谈起或成效甚微。目前我国对于网络著作权的保护，只是形成了基本制度，尚未形成完备的法律体系。《著作权法》对于网络著作权保护只是在个别条文上有所体现,《信息网络传播保护条例》以及各种规章制度主要内容更多是有关网络著作权的合理使用与限制或网络服务提供者的责任限制,而关于网络著作权保护的问题涉及较少。目前,在我国有关网络著作权的立法中,有1992年4月6日机械电子工业部发布的《计算机软件著作权登记办法》,1999年2月24日国务院办公厅转发的《国家版权局关于不得使用非法复制的计算机软件的通知》,1999年12月5日国家版权局发布的《关于制作数字化制品的著作权规定》,2000年11月7日国务院新闻办公室、信息产业部联合发布的《互联网站从事登载新闻业务管理暂行规定》,2003年5月10日文化部发布的《互联网文化管理暂行规定》,2005年4月30日国家版权局、信息产业部发布的《互联网著作权行政保护办法》,2006年5月30日国务院发布的《信息网络传播保护条例》。这些行政法规和规章对于保护网络著作权能起到一定的作用,但是,还存在很多缺陷,而且由于还没有上升为网络著作权的专门立法,权威性不强,其作用受到较大限制。在目前的情况下,解决网络著作权立法问题有两个方案可供选择:

1.修改现有《著作权法》,强化网络著作权的保护功能。目前,我国《著作权法》中并没有专门针对网络著作权保护的条款,而且,在第59条还特别说明:"计算机、信息网络传播权的保护办法由国务院另行规定。"在网络时代,关于网络著作权保护的条款理应体现在最高层次的立法之中。因此,极有必要修改现有的《著作权法》,根据实际情况加入详细的网络著作权保护条款,强化网络著作权的保护功能。

2.制定专门的"网络著作权法"。由全国人大及其常委会制定专门的"网络著作权法",该法可以借鉴美国《千禧年数字版权法》的形式,从临时复制、数字出版、数字发行、作品合理使用范围等涉及网络著作权的各个方面的问题做出具体的、详细的规定。同时,各种法规和司法解释都要配套完备。

(三)规范网络著作权的侵权刑罚

跟美国、英国、日本、澳大利亚、韩国等国家相比,我国著作权尤其是网络著作权的侵权在刑罚方面的力度就明显不足。

近些年来,我国经常是用专项行动来打击网络侵权盗版行为的,这些行动从 2005 年以来已经开展了六次。2010 年的行动由国家版权局、公安部、工信部联合发起,确定了巩固机制、快速反应、发动群众、集中打击、源头治理的整体思路及工作重点。这次行动名为"剑网行动",希望通过行动斩断网络侵权盗版黑手,为版权产业健康发展、维护互联网安全保驾护航。但每次行动都是阶段式的短期行动,比如这次定于 2010 年 7 月下旬至 10 月底。因此,这种专项行动不能形成长效机制,要最大限度地打击网络侵权盗版,最终还要靠法治。在刑罚方面,针对网络侵权的广泛性和复杂性,对犯罪行为必须界定准确,罚必当罪,才能赢得社会的广泛支持并令侵权者畏服,从而使网络著作权得到切实的保护。

我国对侵犯著作权的刑罚体现在《著作权法》(第 48 条、第 50 条)、《著作权集体管理条例》、《著作权行政处罚实施办法》(第 30 条)及《信息网络传播权条例》等相关法律法规中,大致情况可以归纳为:侵犯著作权的行为特征是"未经著作权人许可";侵权者的犯罪行为是出于故意,而且"以营利为目的"。在处罚方面,对于普通案件,处三年以下有期徒刑或者拘役,可以单处或并处罚金；最严重的案件可以判处七年有期徒刑，并处罚金，同时，侵犯著作权的行为必须达到"违法所得数额较大"或者具有"其他严重情节"时才构成犯罪。这样看来，我国法律对侵权案件的管辖所做的相关规定较为简单，显得笼统。更主要的是，我国著作权刑法量刑相对较轻，难以对侵权行为起到震慑作用，与著作权立法较为完备的国家和地区相比还有很大的差距。因此，要更好地保护网络著作权，就要在刑罚上加强力度：

1. 为网络著作权侵权定重罪法。可以借鉴英国在著作权保护方面的经验。英国法院表示，侵犯著作权将被视为与欺诈罪或偷窃罪相等同的"真正犯罪"。对于侵犯网络著作权的行为，也可以界定为"真正犯罪"，必须使用重罪法。

2. 为网络著作权侵权的具体类型制定相应的罪名。可以借鉴韩国在著作权保护方面的经验。韩国的著作权惩罚有权利侵犯罪、非法发行罪、来源明示违反罪、双罚规定等罪名。只有将犯罪的具体类型细化，才能从各个方面制约网络著作权的侵权行为，从而提高网络著作权刑法的打击力度。

（四）健全网络著作权的管理组织

著作权是绝对私权。从保护个人权利的角度出发，法律应全面保障权利人行使权利的自由。我国《著作权法》第八条规定："著作权人和与著作权有关的权利人可以授权著作权集体管理组织行使著作权或者与著作权有关的权利。著作权集体管理组织被授权后，可以以自己的名义为著作权人和与著作权有关的权利人主张权利，并可以作为当事人进行涉及著作权或者与著作权有关的权利的诉讼、仲裁活动。"因此，网络著作权的管理组织，是依法对网络著作权加以保护的组织。

结合图书出版的情况，这里所说的管理是指网络著作权集体委托管理。有论者认为，我国网络著作权侵权情况之严重，"其中一个原因是目前中国还没有文字和图形作品的集体管理组织作为联系网站和著作权人之间的桥梁。"[①] 我国第一家著作权集体委托管理组织是成立于 1992 年 12 月 17 日的中国音乐著作家协会。到目前为止，它已经拥有 2000 多名著作权人，管理着 1400 万首音乐作品（但只有 20 万首是国内的作品）。可是到目前为止，还没有为"文字和图形作品的集体管理组织作为联系网站和著作权人之间的桥梁"的网络著作权集体委托管理组织出现。在网络技术发展极其迅猛，而网络著作权侵权现象非常严重的今天，不能不说是我们在管理方面的缺失。所以，要从以下两个方面解决这个问题：

1. 建立网络著作权集体委托管理组织。针对我国缺乏网络著作权管理组织的情况，应采取措施建立组织结构完备的著作权委托管理组织。在这方面，美国互联网用户、互联网服务提供商、非营利性组织、在线出版商、民权社团等组建的"公民互联网授权联盟"将著作权集体管理模式直接扩展到互联网上的做法最值得效仿；日本人建立"著作权权利信息集中机构"也值得借鉴。可以肯定地说，随着网络著作权委托管理机构的普遍设立和健全，网络著作权将得到很好的保护。

2. 宣传网络著作权集体委托管理组织的功能和作用。在建立了网络著作权集体委托管理组织之后，就要宣传它的功能和作用，让权利人认识到它的重要性并与网络著作权委托管理组织达成委

---

① 王迁：《中欧网络版权保护比较研究》，法律出版社，2008 年，第 27 页。

托管理协议，使其权利得到有效的管理。

事实上，有一些侵权行为的发生，跟网络著作权集体委托管理机构的不健全有很大的关系，因为有的侵权者在侵权之前也认识到侵权问题，可是他们一时找不到权利人的委托管理机构，于是"先斩后奏"，造成侵权。另一方面，随着网络著作权委托管理机构的健全，著作权人可以不再为其作品在网上被任意上传或下载而烦恼，网络著作权委托管理机构可以代为保护他们作品的权益。

（五）重视网络著作权的技术保护

防治网络著作权的侵权盗版，法律和技术具有密切的互补关系，当法律的威慑力不足于制止侵权盗版行为时，技术手段可以弥补法律的不足。越来越多的事实证明：在网络发展日新月异，而相关的法律法规却总是滞后的情况下，仅仅依靠规章制度是难以防范网络著作权被侵犯的。《世界知识产权组织版权条约》的制定者认识到这个问题，在条约的第11条做了明确规定："作者和其他版权人有权为行使各项版权而采用技术保护措施，以限制未经其许可或未经法律许可的行为。"

在现有技术条件下，网络版权服务提供者可采用以下几种技术措施对其著作权进行保护：一是防火墙技术——这是在网络安全保护中使用最广泛的技术。其工作原理是，在被保护网络与外部网络之间设一道屏障（即防火墙），这道防火墙能够阻止非授权用户对信息资源的非法访问。二是访问控制技术——这项技术是确定合法用户对计算机系统信息资源所享有的权限。三是密码技术——该技术对信息保护方式是将信息加密，使非法用户不能解密，因此信息即使被窃取也不易识别。①

另外，数字水印技术也是保护网络著作权的科技手段。数字水印是在多媒体信息中嵌入一定的可能与原信息有关或无关的订制内容。这些嵌入的内容应该对原始的多媒体对象不产生明显影响，并且在需要时能够恢复。②

目前，这些保护技术还没有在我国推广和深化。随着立法体系的完善以及保护技术的推广和深化，网络著作权侵权情况将有所遏制。

结　语

以图书出版为视角，不难发现，"网络资源"与纸质图书出版中存在的著作权问题是较典型的互联网著作权问题，它是目前我国著作权侵权问题的一个侧面。从这个侧面，人们可以看到我国网络著作权侵权问题的严重性。

作为知识产权的最重要的内容之一，网络著作权应当受到严格的保护，但是从网络著作权的侵权情况看，我们也可以清醒地认识到这一点：在保护网络著作权，保护著作权，保护知识产权的路上，我们还要做很多工作。

事实上，中国政府在知识产权保护方面一直在不断努力。2006年9月5日，中国国务院总理温家宝在出访欧洲前夕，在中

---

① 刘悦：《试论网络环境下著作权保护的完善》，《编辑之友》，2010年第5期，第97页。

② 贾林、任金昌、赵荣椿：《数字水印技术及其在网络化多媒体版权保护中的应用》，《测控技术》，2002年第7期，第48页。

南海紫光阁接受欧洲五家媒体的联合采访时表示"中国对知识产权保护一定能像钢铁一样硬，而不是像豆腐一样软"。2008年4月9日，国务院总理温家宝主持召开国务院常务会议，审议并原则通过了《国家知识产权战略纲要》。会议指出，当今世界科技进步日新月异，知识经济迅猛发展，经济全球化步伐明显加快，知识产权已经成为国际经济和企业竞争的一个焦点，并在经济社会发展中发挥着越来越重要的作用。制订和实施国家知识产权战略纲要，是一项关系国家前途和民族未来的大事。要通过不断优化和完善知识产权制度，鼓励社会成员的创造性劳动，激发全民族的创新精神，让一切创造活力竞相迸发，让一切创新才华充分施展，让一切创新成果得到尊重，将我国丰富的人力资源转化为智力资源，将我国巨大的市场潜力转化为对国际智力资源的巨大引力，加快创新型国家建设步伐，提高国家的核心竞争力。[①]

的确，一个国家的发展，跟鼓励创新、保护知识产权成果的举措是分不开的。所以，在著作权方面，必须完善当前相关法律法规中的不足，尤其在网络著作权方面的不足，加强著作权刑法的打击力度，以保证著作权所有者的创新成果，激发人们的创造力。这样，才能更大程度地保证广大创造者以创新精神、创新成果为国家建设做出应有贡献。

2010 年 12 月

---

① 见"新华网"：http://www.xinhuanet.com/。

参考文献

一、论文类

[1] 郭扬:《刍议网络著作权侵权》,见中国法院网 http://www.chinacourt.org/public/detail.php?id =200237,2010年9月25日访问。

[2] 郑成思:《中国知识产权保护的新发展》,载《中国专利报》1998年5月13日,第2版。

[3] 张静:《网络版权的国际保护及其对于我国的借鉴》,载《中国出版》2009年第12期〔上〕。

[4] 郑成思:《图书馆、网络服务商、网络盗版与"利益平衡"》,见沈仁干主编:《郑成思版权文集》(第3卷),中国人民大学出版社,2008年4月第1版。

[5] 郑成思:《保护电子计算机、软件及数据的主要法律领域》,见沈仁干主编:《郑成思版权文集》(第2卷),中国人民大学出版社,2008年4月第1版。

[6] 徐一文:《P2P革命中的版权》,见周林主编:《知识产权研究(第十八卷)》,知识产权出版社,2007年6月第1版。

[7] 栾莉:《美国著作权刑法研究》,见王世洲主编:《关于著作权刑法的世界报告》,中国人民公安大学出版社,2008年3月第1版。

[8] 林江:《英国侵犯版权罪概述》,见王世洲主编:《关于著作权刑法的世界报告》,中国人民公安大学出版社,2008年3月第1版。

[9] 刘淑珺:《日本对著作权的刑法保护》,见王世洲主编:《关于著作权刑法的世界报告》,中国人民公安大学出版社,2008年3月第1版。

[10] 郑成思:《国际知识产权保护和我国面临的挑战》,见沈仁干主编:《郑成思版权文集》(第3卷),中国人民大学出版社,2008年4月第1版。

[11] 刘悦:《试论网络环境下著作权保护的完善》,《编辑之友》,2010

年第 5 期，第 97 页。

［12］贾林、任金昌、赵荣椿：《数字水印技术及其在网络化多媒体版权保护中的应用》，《测控技术》，2002 年第 7 期，第 48 页。

二、著作类

［1］吴汉东主编：《知识产权法》，中国政法大学出版社，2004 年 1 月第 3 版。

［2］丛立先：《网络版权问题研究》，武汉大学出版社，2007 年 1 月第 1 版。

［3］王迁：《中欧网络版权保护比较研究》，法律出版社，2008 年 9 月第 1 版。

［4］匡文波：《电子与网络出版教程》，中国人民大学出版社，2008 年 6 月第 1 版。

［5］吴汉东等：《知识产权基本问题研究》，中国人民大学出版社，2005 年 3 月第 1 版。

［6］沈仁干主编：《郑成思版权文集》（第 1—3 卷），中国人民大学出版社，2008 年 4 月第 1 版。

［7］王世洲主编：《关于著作权刑法的世界报告》，中国人民公安大学出版社，2008 年 3 月第 1 版。

［8］周林主编：《知识产权研究》（第 18 卷），知识产权出版社，2007 年 6 月第 1 版。

［9］郑成思主编：《知识产权文丛》，中国政法大学出版社，1999 年 1 月第 1 版。

三、法规类

［1］《中华人民共和国著作权法》

［2］《信息网络传播权保护条例》

［3］《最高人民法院关于审理涉及计算机网络著作权纠纷案件适用法律若干问题的解释》

［4］《互联网著作权行政保护办法》

［5］《最高人民法院、最高人民检察院关于办理侵犯知识产权刑事案件具体应用法律若干问题的解释》

［6］《世界贸易组织协定中〈与贸易有关的知识产权协议〉》（TRIPS）

［7］《保护文学艺术作品伯尔尼公约》（简称《伯尔尼公约》）

［8］《世界版权公约》

［9］《千禧年数字版权法》

［10］《信息社会版权与相关权指令》

［11］《世界知识产权组织版权及条约》

四、网站类

《国务院发布〈国家知识产权战略纲要〉》，载 http://news.xinhuanet.com/newscenter/2008-06/10/content_8341890.htm，访问时间：2010年3月23日。

第二辑
书里书外

闲话海南文化与海南旅游业

　　海南是我国重点发展的七个旅游区之一，她具有许多发展旅游业的得天独厚的优势，如地理优势、气候优势、环境优势、侨乡优势、政策优势等等。另外还有一点是笔者在这里所要提到的文化优势。

　　椰文化与海南旅游业。椰子是海南的象征，是最具有代表性的土特产。海南种植椰子已经有2000年的历史。在这2000年的历史长河中，形成了独具海南地方特色的椰文化。我省举办的"椰子节"，就是利用椰文化的优势，在招商引资的同时，也为我省的旅游业做出贡献。椰文化在旅游方面的作用还体现在椰雕艺术上。海南岛的椰雕文化始于唐代，具有悠久的历史。这种造型别致新颖、色调古朴雅致、花样繁多的椰雕艺术，具有独特的风格和浓厚的地方色彩。据载，在明、清两代，椰雕曾作为"天南贡品"向朝廷进贡。现代海南椰雕艺术，不仅保留着传统椰雕艺术美的特征，而且向工艺精湛、品种多样化发展，在国内外享有盛名。更好地发展椰雕艺术，发展海南椰文化，对于我省的旅游业将是一件有益的工作。

　　民俗文化与海南旅游业。以黎、苗、回、汉为主，海南居民分属30个民族。千百年来，各族人民在共同发展的过程中，创造了丰富多彩的民俗文化。不论是居住民俗、岁时民俗、服饰民俗还是饮食民俗，都体现了多种多样的内容，富有地方特色。旅游者，除了享受这里的自然风光、田园美景之外，还想体会这里的民俗文化。我省的一些旅游景点，借鉴茅寮的形式，建造了具有地方特色的现代化旅游宾馆；有的旅游景点则返璞归真，搭建原始意义上的寮房供游客住宿。在岁时民俗方面，我省的"三月三""跳竹竿舞""番加风情"等丰富多彩的活动，长期以来深受游客的欢迎。饮食民俗则有文昌鸡、嘉积鸭、东山羊、和乐蟹、临高乳猪之类的美味佳肴。至于服饰民俗，则有远近闻名的体现了高超纺织水平的"黎锦"……因此，更好地利用民俗文化，弘扬民俗文化的精神，将有利于促进海南旅游业的发展。

最后，还得提提贬官文化与海南旅游业。对于一个地方的风景旅游来说，人文景观往往是游客们所向往的。海南岛古时是满目疏荒、处处鬼门关的苍凉之地，同时也是朝廷流放重要政治犯的理想场所。在这片流放者的土地上，有着李德裕、苏轼、李纲、李光、胡铨等人的足迹。这些贬官的到来，给海南造就了不少人文景观。他们所留下的处处屐痕，成了人们向往之所在，是旅游者青睐的去处。因此，贬官文化与海南旅游业也有很大关系。

（原载《海南新闻图片报》1995 年 9 月 28 日）

关于旧书摊

旧书摊对于好书者来说是个好去处。从电视、报刊上看到有关北京等地旧书店的报道，常羡慕那里的读者——在一大批旧书中寻觅，一定是令人愉快的事情。在海府地区我还没发现有旧书店，所幸的是在街头还可看见旧书摊，可稍微弥补一些遗憾。

如今国内出版界十分活跃，如果我们所需之书不能在书店里买到，还是可以汇款到出版社买。只是有一点，很多的读书人都愁没有足够的钱买书，新书的价格毕竟太昂贵。而在旧书摊上，只需用很低的价钱就能买到一本好书，而且常能收获意外的惊喜。比如，有些过去出版的书，不仅仅是在书店里难以寻觅，就是写信到出版社购买，也难得有存货。但是在旧书摊上，我便发现不少这类好书，如商务印书馆出版的"汉译世界名著"我就看到过好几种，还看到过《脂砚斋重评石头记》等等。旧书摊虽不那么起眼，好书却不少，值得光顾。

在学校时，我有一次在旧书摊发现叔本华的《生存空虚说》，不巧没带钱，很焦急，我让摊主把这本书留给我，他答应了。等我兴冲冲拿了钱来问书价时，他说：一元钱。只一元钱！后来我还在他那里买到 A. 阿德勒的《自卑与超越》，也是一元钱。我的同学看见我低价买了几本好书，羡慕得很，就凑过来对我说要用 10 倍的价钱跟我买。我笑着说：你想得美。

府城的旧书摊有好几处，晚饭后出去逛逛，光顾这几处旧书摊，倒颇有趣味。这时街上很热闹，不过我觉得如果没有了这几处旧书摊，也就没多大意思了。

如今，海府地区掀起读书热潮，大小书店陆续出现于街头巷尾，这实在令人愉快。不过，我对旧书店的向往之心总是难以泯灭的。什么时候，海府地区也能出现北京那样的旧书店，让我们这些好书者身处其中，寻珍觅宝就好了。

（原载《海南日报》1995 年 11 月 19 日）

书目的诱惑

如今报刊上常刊有邮购书目。新的刊物一到来，我总是迫不及待地翻看书目，看看有什么自己感兴趣的书，然后才读刊物。长期以来养成的习惯，使我对邮购书目很敏感，这些书目本身很具诱惑力。

我常逛海府地区的书店，得到的印象是这些书店都趋向于大众化。大众化的好处与优点不言自明，但是会有另外一个方面的缺失，我的感觉是：这些书店的学术著作不成系统。我们可在这些书店里看到大量的小说、大量的散文，包括大量的畅销书，却没有看见过大量的颇具规模的学术著作。这一点不能不给人带来一些遗憾，购买学术书籍的办法，只能通过邮购书目来实现。

除了在报纸杂志上有邮购书目外，我们还可以寄信到出版社索取。出版社一般都设有服务部或邮购部，一封信过去，就有厚厚的一叠书目寄来。也可以加入"读者俱乐部"之类的服务系统，这样就可以经常收到书目了。我有一位朋友，以前总是埋怨买书难，现在他就是通过书目来买书的。

邮购书目其实就是广告。读到高水准的杂志与广告，倒让人想到一件事。以前曾因巴金主编的《收获》刊登广告一事，在全国范围内引起广泛的讨论，中央电视台的《焦点访谈》为此曾做过采访，就连巴金、冰心等老作家也发表了意见。在高雅的《收获》刊登广告也许不雅，但在专业图书杂志上的书籍广告不会引起人们的反感，反而让人喜欢。这里所刊的书目中没有所谓的"人体摄影"，没有"厚黑学"，没有"情场必胜"，也没有骗人的"经商技巧"，纯粹是有水平、高水准的书籍。这些书籍广告，不仅设计得很精美，显得很高雅，它们本身也是很诱人的书目。

中华书局、三联书店、中国社会科学出版社的邮购书目是很具吸引力的，每次收到，总恨不能把其中的大部分书买了。由于经济原因，只能从中选购几本。

书目对于我们的诱惑，不是引诱我们毫无节制地买书，只有读书才是最根本的。与其说是书目对我们充满了诱惑，不如说是书籍对我们充满了诱惑。

（原载《海南日报》1996 年 4 月 28 日）

左拉两字怎么写？

——从"减负"谈中小学生的课外阅读

在"减负"之后，少了夜以继日的功课，没有了那些双休日、节假日的上课和补课，中小学生们可以利用在校外的时间参加有意义的活动，开展有意义的阅读。他们的课外阅读时间将较以前更充分，他们的课外阅读理应较以前更广泛。

丰富的课外阅读可以开阔中小学生的视野，增加他们的知识积累，这也是我们实施素质教育的重要一步。据了解，由于缺乏必要的阅读，有些学生明显地"闭塞"。复旦大学中文系教授、博士研究生导师陈思和对此深有感触。当他给复旦大学优秀生荟萃的"文科基地班"讲左拉的故事时，竟然有人问他："左拉两字怎么写？"在陈思和先生看来，这个大学生在青少年时代缺乏必要的积累。他还说，有一次当他给一个学生讲他小时候经常爬到一棵桃树上背书时，那学生竟然问他，桃树是什么？

这不能不让人们对中小学生缺乏课外阅读的状况表示忧虑。长期以来，我们的中小学生们深受"功课"的束缚，就连节假日也被学校和课堂侵占了，哪里还有时间去顾及在学校看来跟升学率无关的仿佛并不重要的课外阅读呢？由于长期的闭塞和阅读面之狭窄，他们连一些起码的常识都不懂。同时，我们也认识到，在"减负"之后，中小学生们应该开阔阅读层面，从阅读中去领略精彩的"外面的世界"。

然而，目前专为中小学生提供的课外读物还不多，又因为缺乏必要的指导，中小学生课外阅读的状况确实令人担忧。据中央电视台《新闻30分》报道：有的出版社为利益驱动，出版了一些内容涉及色情和暴力的漫画读物；有不少学生为这些漫画所吸引，沉湎其中，这给他们生理和心理都带来了不良的影响，不利于他们的健康成长。

显然，在"减负"之后，引导中小学生们进行健康的、有意义的阅读，将是非常必要的。

由巴金老人题写书名，海南出版社出版的《"火凤凰"青少年文库》（以下简称"火凤凰"）两批15辑共90种图书面世后，在读书界享有盛誉，深受广大中小学生欢迎。笔者认为，这套为青少年朋友们设计的丛书在选题策划方面取得很大的成功，它可以正确引导青少年朋友的阅读方向，丰富他们的心灵。因此，笔者在这里将结合这套丛书，谈及中小学生们在"减负"之后课外阅读的相关话题。

阅读文学名著可以丰富中小学生们的心灵世界。"火凤凰"的总策划陈思和教授认为，一个孩子在成长的过程中需要经过三个世界的丰富和成熟，即生活世界、知识世界和心灵世界。生活知识父母可以教，科学知识可以通过学校学，而心灵世界的素养，则往往来自文学艺术。文学艺术可以给青少年带来美的情愫和高尚的情操，帮助他们树立评判真善美的价值标准。因此，广泛阅读文学名著，是中小学生们课外阅读中必不可少的一道环节。当然，由于年龄和接受能力的问题，中小学生们对文学名著的阅读，应该有所选择。笔者认为，像《金瓶梅》《查特莱夫人的情人》《尤利西斯》这样的作品，还不能进入他们的视野。但是，指导他们阅读文学名著，又不能只局限于一面，应该让他们通过广泛的阅读，开阔他们的文学视野。"火凤凰"对文学名著的选择极有见地,它以精选文学名著为方向,既考虑到了中小学生们的接受能力,又有多样化的特点。其中有小说、诗歌、戏剧,还有《伊利亚特》《奥德赛》等神话和史诗。它们结合中小学生的实际情况,以故事的形式出现。

前几年,秦文君的《男生贾里》《女生贾梅》和郁秀的《花季·雨季》等作品走红书市,深受青少年青睐。之所以如此,是因为这些作品"贴近"青少年的生活,道出了他们的心声。这也是"火凤凰"设有"少年小说译丛""续少年小说"和"长大成人记"的原因。"长大成人记"一辑由几种日记组成,它们以真挚的文字,深刻而又细微地体现了青少年朋友们所处的那一个阶段特有的美好的情感。这些"贴近"他们心灵的作品,必然会引起他们的共鸣,丰富他们的心灵世界。

"火凤凰"为中小学生们的课外阅读提供了一个"多元化"的蓝本。这套丛书具有"宏大的、完整的构思",知识覆盖面很广,内容涉及文学、历史、哲学、政治、艺术、生活、科技等各个方面。在这里,中小学生们可以感受到京剧的魅力、科技的力量、生活的乐趣,也可以探索宇宙之谜,参加人体奥秘之旅,进入音乐殿堂……它为中小学生们提供的阅读对象是迷人的,丰富多彩的,宛如一座小小的图书馆。

中小学生的课外阅读还必须强调读"精品书"。要让中小学生们开卷有益,就必须强调精品意识。他们在读书方面涉猎不深,必须对他们的阅读进行引导,以避免他们将时间浪费在无益的阅读上。

(原载《中国教育报》2000 年 4 月 23 日)

《世界100位文学大师排行榜》出版说明

西方的一些学者,很注重做知识的普及性工作,很善于把他们的知识推向读者,而且他们推广知识的形式往往是趣味性的、娱乐性的,比如"排行榜"的形式。

海南出版社于1999年推出的《影响人类历史进程的100名人排行榜》就是一个例证:本身,以"排座次"的形式对历史人物做比较就是一种很能引发读者兴趣的方式;而当读者出于兴趣和好奇读完该书时,他们的历史知识已经得到了一定程度的提高。《影响人类历史进程的100名人排行榜》直到今天仍深受读者欢迎,"排行榜"的形式对于知识的普及意义由此可见。

《世界100位文学大师排行榜》就是这样一本普及性读物。它的作者丹尼尔·S.伯特是一位哲学博士,在美国卫斯理大学等高校讲授文学课程已有20多年。同时,还有《我必须读的长篇历史小说》《传记文学》和《100部长篇小说》等多种著作问世。应该说,由这位极具专业水准的学者来列这个排行榜是很合适的。

虽然作者力求让他的排行榜客观地反映出作家们在文学史上的地位,但是"排座次"的复杂性和不完全确定性以及作者本人的西方文化背景,又使他的排名不可避免地存在着片面性。这个排行榜的选择依据是"文学史、评论史",也有作者个人的偏好和兴趣,它并不代表出版者的立场和文学界的意见。

作者的"企图"在于"提取每一位作家事业和个性的精神,

以激起读者对文学成就和文学联想的兴趣",同时"鼓励读者能更好地欣赏每位作家那么丰富地展示的成就,以促进他们自己对文学优秀成果的评价"——这是作者的愿望,也是出版者的愿望。

2004 年 9 月 8 日

《世界探险史》编辑手记

最早对探险的话题感兴趣,是在 10 年前读到了斯蒂芬·茨威格的《人类的群星闪耀时》。这是一本极具感染力的书,它能令人深刻地感受到人类历史上的英雄人物给人带来的"英雄的力量"。茨威格在这部书中充满激情的文笔令人难忘,直到现在,他笔触所及的罗伯特·斯科特——这位挺进南极的"失败英雄"——的探险经历仍让人感到震撼。

探险家的故事就这样深深地铭刻在我的脑海里。三年前,在与同事朋友们的一次闲聊中,又提到探险的话题。于是,我萌生了要把人类征服与发现的"精神地图"推向读者的想法:我打算写一本关于探险的普及性读物,将探险精神推向读者。

接下来,就是大量查找资料的工作。"很不幸",在此过程中,我看到了这本《世界探险史》,我不得不放下我写作普及性读物的计划了。我觉得,最重要的是要把这本书再次(1988 年世界知识出版社曾出过中译本)推向读者——主要是因为这本书的宏大与全面,还有它在平实的叙述中对探险精神的弘扬。

我的同事孙芳给我提供了徐永平先生的电子邮箱地址。难于想象的是,在给徐老师写邮件的第二天,我就收到了他的答复——有关《世界探险史》的相关情况的答复。(在以后的合作中,徐老师总是一如既往地"高效"。)在他的帮助下,海南出版社很快就获得了授权。直到完成了编辑工作准备写编辑手记的时候，我和徐老师还在为这本书的包装、定价、文案等问题不断地沟通。我从心里对徐老师充满了感激：他长期从事图书的译介工作，是一位对书倾注了感情的人；对于我的每次打扰，他都非常耐心，非常热情。

这本书有一位推荐者——复旦大学的葛剑雄教授。此前，我在《新京报》上看到葛教授的电子邮箱地址，就顺手把它记下来了。没想到，这次派上了用场。我先给他发了一封邮件，表明了自己的想法：作为编辑，我要推向读者的，不仅仅是探险的史实，还有探险精神；希望能在他的推介下，这本书能走向更多的读者。葛教授很忙，但在通了两次电话之后，他答应了我的请求，并且在我们约定时间（一个月）内如期完成他的序言。

编辑图书的过程很多时候是烦琐的，但也不乏趣味。因为看过《地理大发现研究》，知道了该书作者——四川大学历史系的张箭教授，也知道了他写过《世界探险史》的书评。于是，我从四川大学的网站查到他的电话。很意外，我们沟通得很愉快。他非常热情地解答了我关于《世界探险史》的问题。同时，他还劝告我：最好不要用彩插，这样可以降低成本；定价低一点，书就可以多卖一些。仅仅是通了两次电话，我们已经成了老相识！

海南师范大学国学研究所的黄保真教授审读过这本书，他说他的审读意见"颇具个人色彩，仅供参考"。但不能否认，黄老师的"意见"是能给人带来有意义的思考的，所以，我把它作为"附录二"列于书后，供读者参考。

由于得到了很多人热情的帮助，这本书再次走向读者。非常感谢他们！

2006 年 5 月 8 日

关于史铁生——以及他的《合欢树》

2004年8月16日,因为组稿工作,我曾经到史铁生在北京水碓子东里的家去拜访他。那是一个黄昏,薄暮冥冥。我刚进门,就看到史铁生坐在轮椅上。看到我,他摇着轮椅过来,我俩握手。坐下后,我们聊了关于组稿的话题。由于是初次见面,我也说了一些个人情况。他问我的年龄,我说了。

他说:"你的年龄就是我坐在轮椅上的年龄。"

他说这句话的时候语气非常平和,非常随意,却又非常打动我——正是因为这种平和与随意,还有我对他简单的了解——除了读过他的一些作品之外,我知道,他已经坐在轮椅上三十二年了。

我当时告诉他,我非常喜欢他的三篇作品:《命若琴弦》《我与地坛》,还有《合欢树》。一直以来,我都被这三篇作品打动着。

《合欢树》是一篇短小的散文。在这篇作品里,我读到了遗憾,也读到了平和。当然,这篇短小的散文如同《命若琴弦》和《我与地坛》一样,是隽永的、耐读的。

有人说过,文学是"遗憾"之学。由于遗憾,所以感人,比如悲剧。这一点倒是有一定道理,古今中外的许多文学经典——如《红楼梦》《孔雀东南飞》《罗密欧与朱丽叶》《哈姆雷特》等等——不都是"遗憾"的吗?

在《合欢树》里,史铁生的"遗憾"是真实的,不是虚构的。

全文围绕着作者的病展开,由于"二十岁,我的两条腿残疾了",母亲就不断地寻医问药,不断地鼓励作者,她还特别担心这个萌生"死了也好,死了倒痛快"的想法的儿子做出什么极端的事来。在字里行间,读者可以感受到作者的母亲的那种焦虑,也能读到作者对母亲的那份情感。在史铁生的文字里,人们读不到"我爱母亲"这类的字眼;史铁生通过对母亲的一点点小事的记忆,用舒缓而深沉的叙述文字告诉了读者:他是多么地爱他的母亲。

当母亲发现作者开始写小说时,她"到处去给我借书,顶着雨或冒了雪推我去看电影,像过去给我找大夫、打听偏方那样,抱了希望"。对于母亲所做的一切,儿子看在眼里,虽然嘴里不说,但在他心里是多么想做出一点成绩来,让为了医治他的腿而愁苦的母亲看一看,让母亲高兴一下——就像十岁那年在作文比赛中得了第一名一样。

然而,母亲过于操劳,早早地告别了人世。"三十岁时,我的第一篇小说发表了,母亲却已不在人世。过了几年,我的另一篇小说又侥幸获奖,母亲已经离开我整整七年。"

作者对母亲过早去世是多么地遗憾,多么地无奈。这种失落之情,没办法去化解,也不可能化解。

史铁生在《我与地坛》里曾经说过一件事,这对读者理解作者的那种悲怆之情极有益处:

有一次与一个作家朋友聊天,我问他学写作的最初动机是什么?他想了一会儿说:"为我母亲。为了让她骄傲。"我心里一惊,良久无言。回想自己最初写作的动机,虽不似这位朋友的那般单纯,但如他一样的愿望我也有,且一经细想,发现这愿望也在全部动机中占了很大比重。

大概在十年前，我第一次读到这篇散文的时候，就深深地被它打动——被它的那种遗憾之气所打动；而这种遗憾之气，来自真实、来自真情、来自对母亲的怀念，以及无法回报母亲、无法让母亲高兴的那种苦涩。

《合欢树》又是平和的。这表现在作者自身的情感中，也表现在作者在这篇作品的叙述风格上。我之所以为与史铁生见面时他所说的那句话所感动，是因为在我看来，经历了很多年的苦难以及现在还在经历着苦难的史铁生面对不幸时的那种平和，那种来自内心的随意。

史铁生的平和是经过磨砺的。在身患残疾、四处求医无门的情况下，任何人都不能做到平和。在《我与地坛》里，读者可以了解到他当时那些焦躁，甚至绝望的心态。然而，史铁生走过来了。他的经历让人想起经历过磨难的两种人：一种人在经历了磨难之后，消沉了，被击垮了；另外一种人在经历了磨难之后，反而看淡了磨难，焕发了斗志。史铁生当然属于后一种人，他一直都在经受身体的磨难，但是他益发平和。

史铁生的经历让我想到以《小王子》闻名世界的法国作家圣埃克苏佩里在他的另一部作品《要塞》中的一句话：人的伟大在于人的精神。

史铁生是精神上的伟人。

在《给盲童的信》中，史铁生说："生命就是这样一个过程，一个不断超越自身局限的过程，这就是命运，任何一个人都是这样，在这过程中我们遭遇痛苦、超越局限、从而感受幸福。"

史铁生是不断地感受到幸福的，因为他在不断地超越。这让人想到文学作品中那种"期待"的力量。在很多优秀的文学作品中，人们都能读到"期待"的主题。那种对有缺陷的生活的反思和对改变这种生活的期待，并具有积极乐观精神的作品，永远是打动人的。无疑，《合欢树》就属于这样的作品。它告诉人们：只要我们的生活有多少遗憾，我们就有多少期待。

我印象中的史铁生是一个很平和的人。对于自己的病，对于别人的赞扬，对于外界的一切，都是平和的。出于职业的原因，记得当时我问他的写作情况，他没有说他的计划，只是说他写得很慢。于是，我知道他一直在不停地写——在克服病和痛，不停地在写。那次见面后不久，看到了他的长篇小说《我的丁一之旅》。

《合欢树》的叙述方式非常平和，诚如史铁生的心境。文章从作者的三个年龄阶段（十岁、二十岁、三十岁）时面对母亲的状态，到那棵合欢树成长的过程，都写得非常平实、自然。

史铁生对他母亲的怀念让人想起朱自清对他父亲的回忆。和《背影》一样，《合欢树》是中国现当代散文中最平实，也是最能打动人的杰作。

在《合欢树》的结尾，作者写道："有一天那个孩子长大了，会想起童年的事，会想起那些晃动的树影儿，会想起他自己的妈妈，他会跑去看看那棵树。但他不会知道那棵树是谁种的，是怎么种的。"一如全篇的基调，平和，蕴满深情，而又耐人寻味。作者的情感犹如一条默默流动的小河，流向读者，流向读者……

由此，人们读到的《合欢树》自然是隽永的。

2009 年 8 月

咏史诗里的中国风景

一

历史记录在历史学家的笔下,也记录在诗人们的笔下。司马迁的《史记》是纯粹的、精彩的;杜甫的"三吏"(《新安吏》《石壕吏》《潼关吏》)、"三别"(《新婚别》《垂老别》《无家别》)则是真切的、生动的。

诗人们的历史记录在叙事诗里,也记录在咏史诗里。叙事诗里的历史是诗人们的"所见",咏史诗里的历史则是诗人们的"所感"。

叙事诗让读者看到历史的真实画面;咏史诗则能引发人们思考历史——它给人们提供的,是另一种角度的历史。

二

咏史诗里记录着很多特别的历史片断,耐人寻味,给人的印象集中、强烈。

明代文学家高启在《读史》中写到春秋时期晏子不给孔子分田的事:

> 一裘身着久经年，禄米分炊几户烟。
> 尽说大夫能养士，却于尼豀惜封田。

当年，孔子到了齐国，齐景公问他为政的道理，孔子的回答让齐景公很满意，于是，就想把尼豀的田分给他。齐国的上卿晏子表示反对，在他看来，孔子的那一套礼节规范和夸夸其谈的口才是不足以治理国家的。晏子本人在齐国有很高的威望，他生活俭朴，亲政爱民。这一点，在高启的《读史》的前两句也提到了。高启的"意见"在于：不是说晏子是一位很能礼贤下士的贤卿吗？为什么就不舍得把尼豀的田分给孔子呢？看来，高启对晏子此举是颇有微词的。

高启也许是在期待着有真正礼贤下士的执政者出现吧。联想到他不愿意接受朱元璋委任的官职而被借故腰斩于南京的残酷结局，就不难理解作者写这首诗时的心境和诗里的言外之意了。

以咏史诗著称的唐代诗人胡曾的《上蔡》一诗，让人想起秦代丞相李斯生活中的两个片断——一个是他在上蔡（今河南省上蔡县）时的幸福时光，一个是他被腰斩之前的后悔心情。

> 上蔡东门狡兔肥，李斯何事忘南归。
> 功成不解谋身退，直待云阳血染衣。

李斯在与赵高的争斗中失败后被腰斩于咸阳。临死之前，曾经对他同样要被处以极刑的儿子说："吾欲与若复牵黄犬俱出上蔡东门逐狡兔，岂可得乎？"（《史记·李斯列传》）这个不断地在追逐权与利，不甘于过简单生活的人，突然非常想念当年和儿子在家乡上蔡一起抓兔子的平淡日子。可是，为时已晚，他后悔莫及。

胡曾在诗中感慨李斯不懂得功成身退的道理，最后落下被"夷三族"的悲惨下场。

也许，李斯在临死之前还会想起他的老师荀况的告诫——物禁大盛。不是没有人告诉他这一点，而是他舍不得权与利啊。

三

在咏史诗里，诗人们是在看历史，更是在看他们所处的时代的现实。

在这一点上，南宋诗人的感受是最深切的。李清照的《咏史》可为一例：

> 两汉本继绍，新室如赘疣。
> 所以嵇中散，至死薄殷周。

李清照认为东汉继承西汉是合法的；而在西汉末年，王莽所创立的"新室"（新朝）是多余的"赘疣"（毒瘤）——不合法。李清照想起嵇康——这个至死看不起"殷""周"（"殷"和"周"指的是商朝的开国之君商汤和西周初期辅助周成王的周公）的人。按理说，"殷"和"周"作为政治家，堪称伟大，但嵇康看不起他们。之所以如此，是因为他们"背离前朝"。嵇康他所不屑一顾的司马昭，为了篡权，不就自命为周公吗？！

其实，李清照是读史有感悟，才发表这番议论的。1127年，大宋王朝遭遇"靖康耻"，汴京（宋朝都城，今河南省开封市）陷落，宋徽宗和宋钦宗成了金兵的俘虏。宋朝的投降派张邦昌成了皇帝，定国号为"楚"。接着，他立刘豫为齐帝，一时之间，投靠卖国政权的卖国贼甚众。这些人，当然都是"背离前朝"的。

嵇康反对司马氏篡夺魏的政权，对司马昭采取不合作的态度，他的气节是宋朝那些卖国贼所没有的。这一点，正是李清照所推崇的。众所周知，李清照所推崇的人，还有那个"不肯过江东"的项羽。和当时苟且偷安的南宋君臣比起来，项羽没有选择寒冷的、屈辱的生，而是选择了轰轰烈烈的死，死得有气概！

生活在南宋末年的诗人柴望借用商代帝王武丁"梦中得圣"，求得贤才傅说的历史事实，表明他对南宋朝的失望：

傅说为霖寤寐中，高宗一念与天通。
后来亦有君王梦，不是阳台便月宫。

柴望在诗里说，在武丁之后，帝王们也做过不少梦，可是，他们所梦到的，并不关涉国家的富强和民间的疾苦；他们所梦到的，无非就是"阳台"和"月宫"——那些男女合欢的荒淫之事。他在感慨武丁对商朝的复兴，可是，有谁能够复兴他心中的大宋王朝呢？！

王安石的《读开成事》针对唐文宗在开成年间（836—840）对宦官无奈的历史事实——"奸罔纷纷不为明，有心天下共无成"——折射出他在推行改革过程中所受的压力。身为一位改革家，他是不能忍受一个君主的无能的。

郑板桥的《肃宗》一诗里说到"太平天子无愁思，内殿惟闻打子声"。这事发生在唐肃宗李亨身上。当时，虽然收复了两京（西京长安、东京洛阳），但安史之乱的叛军还在，可是，李亨却以为天下太平了，他可以无忧无虑了。在他的内宫，时时传来的是"打子"（下棋）时棋子的碰撞声。

当然，郑板桥的诗作不仅仅是批评唐肃宗，他主要是在批评他所处的时代不关注民生的统治者。

四

历史是一面镜子，诗人们在这面镜子里看见了自己。

和孔子一样，孟子也是一个持有政治主张四处游说，而又到处碰壁的人。梁惠王说他"迂远而阔于事情"。王安石对孟子的境遇有着切身的感受，他在孟子身上看到了自己，所以，他写下了《孟子》：

> 沉魄浮魂不可招，遗编一读想风标。
> 何妨举世嫌迂阔，故有斯人慰寂寥。

王安石也因为"迂阔"而被时人所讽刺。在《上仁宗皇帝言事书》中，王安石说："然臣之所称，流俗之所不讲，而今之议者以谓迂阔而熟烂者也。"他是无奈的，好在能在这位古代圣人那里得到一丝安慰。

鉴湖女侠秋瑾很推崇东晋时期的才女谢道韫，她在《谢道韫》一诗里说到这位"咏絮才"的婚姻生活：

> 咏絮辞何敏，清才扫俗氛。
> 可怜谢道韫，不嫁鲍参军。

谢道韫在孩童时代就得到了"咏絮才"的美名。她不但有才华，其气质也是非凡的，《世说新语·贤媛》中说她"神情散朗，故有林下风气"。作为谢安的侄女,她嫁给了王羲之的儿子王凝之,可谓门当户对。可偏偏王凝之不如他的兄弟王献之、王徽之那样出色,虽然也曾身居要职,当过江州刺史、左将军这样的官,但他基本上没有什么作为。何况,仅仅当一个官太太也不是谢道韫所期待的(她的堂兄弟中就有不少才俊,比如淝水之战中的主将之一谢玄)。她对王凝之非常不满意,不断地向谢安抱怨天底下竟有这么平庸的人。公元 399 年,五斗米道道士孙恩叛乱,叛军攻到会稽,时任会稽内史的王凝之和他的两个儿子被叛军杀害。此后,谢道韫寡居,直到终老。这位才女在对婚姻和家庭的遗憾里走完了余生。

秋瑾很同情她,说:可惜啊,她应当嫁给鲍参军(鲍照,刘宋时期的著名文学家)这样的才俊。其实,秋瑾也在说自己。她孤高的气质跟谢道韫很相似,她对婚姻的不满也跟谢道韫一样。21 岁时,她由父母包办,嫁给王廷钧。婚后的生活让她痛苦,她很失望,说她和丈夫"琴瑟异趣,伉俪不甚相得"。遗憾之余,以古代才女自拟,抒发自己对不幸婚姻的悲怆情怀。

五

有的诗人写的是个人在经历重大事变时的切身感受。

公元 1276 年,元朝的军队攻入临安(今杭州市),主持朝政的"国母"谢太后(谢道清)无奈,只好向元军投递降表;同时,下诏命令还在扬州坚守的将领李庭芝投降元军。然而,李庭芝拒绝了,他继续浴血拼杀,顽强抵抗,直到最后以身殉职。

这一年对于南宋朝、谢太后和李庭芝是不寻常的,对于诗人汪元量也是不寻常的。他是宫廷的琴师,亲眼见证了那段历史,在南宋宗室被押往大都（今北京市）的时候，他是随行者。在大都，他还时常探视被囚禁在那里的文天祥。面对所热爱的南宋的沦陷，他感到失望和悲怆。他的《醉歌十首》记录了当时的情形和自己的心境，这里选录其中的一首：

> 淮襄州郡尽归降，辇鼓喧天入古杭。
> 国母已无心听政，书生空有泪成行。

他抒写了他作为一介书生在当时的无奈、痛苦和感伤。钱锺书先生在《宋诗选注》里说："他对于'亡国之苦、去国之戚'，有极痛切的感受，用极朴素的语言抒写出来。"这应当是最贴切的评价了。

从生活在唐朝末年的诗人张乔的《河湟旧卒》中，可以从一个侧面，看出大唐王朝的衰败：

> 少年随将讨河湟，头白时清返故乡。
> 十万汉军零落尽，独吹边曲向残阳。

这里写的是一个老兵回乡路途的情景。诗里告诉人们，还在少年时期，他就被征兵，在河湟戍边。现在，头发白了，"时清"——边关"无战事"（其实真实的情况是唐王朝顾不上边关的事情），终于可以回家乡了。相对于为了驻守边关而付出生命代价的10万唐军而言，他是幸运的——还是活着回来了；可是，征战经年，他的心境却又是十分凄凉的。所以，他在残阳中听着边曲（边庭之曲）时，尽是哀愁和怅惘。

这是一幅"晚唐暮景"，从诗中的这个身处夕阳残照中的老兵身上，可以看到大唐王朝那个苍老而佝偻的背影。

六

诗人们对历史的理解是令人难忘的。

清代诗人丁尧臣的《阿房》就蕴含着丰富的思想：

> 百里骊山一炬焦，劫灰何处认前朝。
> 诗书焚后今犹在，到底阿房不耐烧。

阿房宫是壮丽的，但不持久，持久的是文化和思想。被项羽烧毁的阿房宫早就没有了，但是，被秦始皇摧毁的书和思想，还在流传。这首诗让人想起弗朗西斯·培根在《学术的推进》中说过的一句令人深为折服的话："智慧与学术给人类社会造成的影响远比权力与统治持久。在《荷马史诗》问世以来的2500年或是更长的时间里，不曾有诗篇遗失，但却有多少宫殿、庙宇、城堡以及城市荒芜或是被焚毁。"

可见，文化不死。再壮丽的都城，都壮丽不过《荷马史诗》；伟大的思想，总是源远流长的。在对文化和思想的认识方面，清代诗人丁尧臣和培根的看法令人叹服。

说到底，咏史诗里的历史是诗人们感受中的历史，思考中的历史。沿着诗人们读史的心迹，在他们对历史的经历、记忆、想象和沉思中看中国历史的风景，也是别具风味的。

（原载《书屋》2009年第11期）

西楚霸王失败的性格原因

——从关于项羽的几首咏史诗说起

公元前202年,项羽被刘邦围困在垓下(今安徽省灵璧县东南)。无计可施的项羽丢弃他的部队,带领800多名精兵企图突出重围。他们的行动很快就被汉军发现,追来的部队马上蜂拥而上。

经过一路冲杀,在到达乌江西岸时,随着项羽突围的只剩下26人。退路还是有的,乌江亭长已经把船靠在岸边,急切地等待项羽上船。他对项羽说:"江东虽小,地方千里,众数十万人,亦足王也。愿大王急渡。今独臣有船,汉军至,无以渡。"(《史记·项羽本纪》)

汉军就要追到,情况万分危急。困境中的项羽面对身边所剩无几的将士已经万念俱灰,他突然不明白突围的目的,也丧失了重整旗鼓的斗志。于是,他以无奈而沮丧的口气对亭长说:"天之亡我,我何渡为!且籍与江东子弟八千人渡江而西,今无一人还,纵江东父兄怜而王我,我何面目见之?纵彼不言,籍独不愧于心乎?"(《史记·项羽本纪》)于是他把心爱的战马送给亭长,自刎而死。

项羽死后,引发了很多笔墨官司。这些笔墨官司所论争的主要问题,又集中地反映在几首非常著名的咏史怀古绝句中。

唐代诗人杜牧认为项羽没有必要自尽,他应该重整旗鼓、卷土重来:

> 胜败由来不可期，包羞忍耻是男儿。
> 江东子弟多才俊，卷土重来未可知。（《题乌江亭》）

宋代政治家、文学家王安石则认为，项羽即使能活着回去，也没有机会了：

> 百战疲劳壮士哀，中原一败势难回。
> 江东弟子今虽在，肯为君王卷土来。（《乌江亭》）

宋代杰出的女词人李清照很佩服项羽的英雄气概，她由衷地赞叹说：

> 生当作人杰，死亦为鬼雄。
> 至今思项羽，不肯过江东。（《夏日绝句》）

清代诗人何士颙有独到见解，他认为不能忍辱的项羽注定是一个失败者，他枉称盖世英雄：

> 忍辱从来事可成，英雄盖世枉伤神。
> 但知父老羞重见，不记淮阴胯下人。（《项羽》）

这几首绝句各具特色，都很能发人深思。何士颙的诗名没有前面几位的那么显赫，但其生也晚的他能够站在前代诗人的肩上，突出地强调"忍辱"的重要，确实看得比他的前代诗人更远。项羽失败的原因固然很多，而他不能忍辱的性格缺陷则是内因，其他原因都是通过这个内因而起作用。

首先，不能忍辱的性格缺陷，使项羽热衷沽名钓誉，分封天下，导致战略错误。

项羽曾有宏大的政治抱负，也有杰出的军事指挥才能。当年秦始皇游会稽，渡浙江，随同叔父项梁一起观看盛况的项羽冲口便说："彼可取而代也。"(《史记·项羽本纪》)自从跟随项梁组织义军并且拥立楚怀王为首领发难抗秦之日起，项羽一直是项梁的得力助手。项梁死后，秦军大败盟军赵军，并把赵王围困在巨鹿（今河北省平乡县）。楚怀王任宋义为上将军，项羽为副将，率领大军救赵。当时巨鹿危于累卵，宋义却要等到秦赵双方斗到筋疲力尽才肯出兵。项羽当机立断斩了宋义，率领军队悉数渡过漳水，并以破釜沉舟的决心拼死杀敌，不但击溃了围困巨鹿的秦军，并且逼降了由秦之名将章邯率领的驻扎在巨鹿之南的 20 万精锐部队，彻底消灭了秦军的主力。项羽在巨鹿大战中勇往直前的英雄气概遐迩闻名，他的凛凛威风让人们敬畏得不敢仰视他。

然而，项羽不能忍辱的性格弱点也很快就暴露出来。忍辱不是要求人们毫无原则地不计荣辱，而是当抱负和耻辱两者相权时，为了实现抱负必须包耻忍辱。忍辱是为了负重，而项羽是一个不能忍辱负重的人。原来当楚怀王命令宋义、项羽救赵时，还派刘邦领兵西击咸阳，并约定先入关中者为王。当项羽向西挺进到函谷关时，没有遇到什么抵抗的刘邦已经抢先一步进入汉中。项羽对刘邦的捷足先登勃然大怒，立即攻破函谷关，并且发出消灭刘邦的命令。在"人方为刀俎，我为鱼肉"的危急关头，刘邦采用张良的计策，带着张良和樊哙等人到鸿门（今陕西省西安市东北）向项羽道歉。他们所编造的恭维项羽的谎言，让项羽听后虚荣心得到了极大的满足，于是放走了羽毛渐丰的刘邦，为自己留下了祸根。接着，项羽不能忍辱的性格缺陷，很快就以热衷沽名钓誉的形式表现出来。刘邦逃离鸿门才过了几天，项羽就领兵进入咸阳，杀死了已经投降的秦王子婴，焚烧秦朝宫室，搜刮大量财宝、美女，决定回到彭城（今江苏省徐州市），并且说："富贵不归故乡，如衣绣夜行，谁知之者！"不久，他又杀了楚怀王，分封天下，共封了18个诸侯王，并封自己为"西楚霸王"。这次大分封，使秦始皇已经统一的中国又倒退到分裂割据混战不断的状态。而这些诸侯王，后来都日渐归附刘邦，造成了彼长此消的对项羽极为不利的局势。

其次，不能忍辱的性格缺陷，使项羽一贯唯我独尊，妒贤嫉能，导致众叛亲离。

项羽"力拔山兮气盖世"，坚信他完全可以依靠武力征讨来统一天下。因此，历来刚愎自用，政令必出于自己，遇事愿亲力亲为，不能容忍别人为他献言谋划。刘邦平定天下之后宴请部下时要求他们说实话：项羽为什么会失天下？高起、王陵都回答说："项羽妒贤嫉能，有功者害之，贤者疑之，战胜而不予人功，得地而不予人利，此所以失天下也。"（《史记·高祖本纪》）事实正是如此。在鸿门宴上，范增已经认识到"夺项王天下者必沛公"，曾多次示意除掉刘邦，项羽却毫无理睬，无计可施的范增只好眼睁睁地看着刘邦脱身而去。当项羽洗劫了秦宫意欲东归时，有人向他进言：关中才是建都称霸的好地方。项羽却置若罔闻，万般无奈的进言者只好叹气说："人家说楚人像猕猴戴帽，果然不错。"项羽觉得自己是受到了羞辱，竟残忍地把进言者烹杀了。楚怀王是项梁起兵时树起的组织队伍反抗秦军的旗帜，项羽却忌恨他没有派自己和刘邦同时西击咸阳，以致他进入关中时落在刘邦后面。因此，借分封天下之机假意把楚怀王尊为义帝，逼他迁到远处，并暗中派人把他杀害。在刘邦的力量可以和项羽对抗时，双方在荥阳（今河南省荥阳市）一带交战一年多。项羽开始看出刘邦对自己的威胁，因而曾听取范增的建议，把刘邦围困在荥阳并且加强攻击。刘邦决定除掉范增。项羽派使者来到汉营时，刘邦拿出盛馔招待，又故意仔细打量使者，然后假装惊讶地说："原以为是亚父范增的使者，想不到竟然是项王的！"于是撤回盛馔换进粗食。受到轻慢的项羽果然怀疑范增和刘邦正私下勾结，就逐步夺去了范增的权柄。对项羽已经彻底绝望的范增不得不"愿赐骸骨归卒伍"，旋即因背上毒疽发作死在回家的途中。范增的悲惨结局，使项羽失去了唯一的谋臣。刘邦说过："项羽有一范增而不能用，此其所以为我擒也。"（《史记·高祖本纪》）苏轼也认为："增，高帝之所畏也。增不去，项羽不亡。"（《范增论》）而一代名将韩信以及黥布等人，因久在楚营落魄不遇，背楚归汉，成了为刘邦攻城略地的重要力量。连项羽的叔叔项伯，后来也受到刘邦的拉拢收买，身在楚营心在汉，竭诚为刘邦效力。在刘邦亲率各路大军把项羽围困在垓下的关键时刻，项羽的大司马周殷也率部叛变，成为反戈一击重创楚军的先头部队。过去不可一世的西楚霸王，已经完全成为失道寡助的孤家寡人。

再次，不能忍辱的性格缺陷，使项羽突遭一挫即垮，英雄气短，导致最后灭亡。

苏轼在《留侯论》中高度评价张良的"能忍"，认为这是"其所挟持者甚大，而其志甚远"，要求他必须这样做，而且他还能够带动刘邦也这样做。苏轼还中肯地指出："观夫高祖之所以胜，而项籍之所以败者,在能忍与不能忍之间而已矣。"忍辱就是"忍小忿而就大谋",养成坚忍不拔、百折不挠的坚强意志。这是项羽无法做到的,因为项羽自从起兵以来的八年中,"身七十余战,所当者破,所击者服,未尝败北",从来就不知道什么叫失败。仗打得不太顺利的时候,他就暴跳如雷,一旦打败对方就不顾一切地发泄怒火,大举屠城、抢掠,使经行之处"多所残灭",从来也没有总结过什么经验、教训。就是这样一位常胜将军,被汉军围困在垓下,"夜闻汉军四面皆楚歌",立即感到大势已去,在上演了一出"霸王别姬"的悲剧之后,就迅速走向灭亡。

反观项羽的对手刘邦,则是忍辱负重、愈挫愈坚、不懈奋斗,能够不断战胜逆境而转败为胜的典范。在项羽咄咄逼人之时,刘邦无疑是一个弱者。公元前207年初,刘邦进入关中,第二年10月进军霸上,秦王子婴投降,秦朝灭亡。按照约定,刘邦理所当然应在汉中称王。但是刘邦不敢称王,反而"包羞忍耻"到鸿门向项羽道歉。在以后的楚汉相争中,项羽有很多机会把他消灭,但他都依靠能忍,逢凶化吉。他的父亲、妻子被项羽捕获,充当人质,项羽甚至烧起油锅要烹杀他的父亲,要摧垮他的意志逼他就范,他也能够沉着应对并且巧妙地化解危机。坚忍不拔、不怕挫折的刘邦,不仅越来越强大,而且他的部下也认定他能够成就大事,乐意为他赴汤蹈火。张良、樊哙等人都在生死关头掩护刘邦全身而退。当楚军把刘邦围困在荥阳时,部将纪信则挺身而出当了刘邦的替身,宁可被项羽活活烧死而让刘邦逃脱。这种人心归附的情景,在项羽那里是根本看不到的。后来刘邦"养其全锋",一心要在垓下和项羽决战时,上下莫不合力同心,出手之快,出拳之重,使项羽的意志一下子就被摧垮。刘邦完全掌握了战争的主动权,项羽反而成为他砧板上的鱼肉了。

现在再回首看看前面几首诗。杜牧所认为的项羽可以卷土重来只是一种愿望，因为他没有看到项羽根本不能"包羞忍耻"的事实；王安石虽然看出项羽没有"卷土来"的机会，但他忽略了项羽没有机会的个中因由。至于李清照的甚受口碑的这首绝句，其实只是借古讽今，表达自己对宋室南渡的义愤，她无意正面评价项羽的功过是非。他们都没有像何士颙这样，能够点到项羽不能忍辱的致命缺陷。而这种缺陷使项羽热衷于沽名钓誉，导致战略错误。这是决定项羽必然失败的主要因素。

2009 年 11 月

好书与好烟

两三年前,中国出版集团公司总裁聂震宁接受《中国新闻出版报》的采访,发了这样的感慨:"以人均图书消费水平为例,中国平均每年每人消费图书仅 4.5 册,仅是以色列的 7%,美国的 9%。"中国人图书消费水平的下降,跟网络的迅猛发展有关,最近笔者从央视得到相关统计数字,现在我国的网民已达 3.8 亿。看来,关注书本的人越来越少了。

从网络上获得知识和信息无可厚非,但是有一点是确定的:书本上的很多知识网络上没有;读书,还是能够获得知识的。所以,因为网络而疏远图书的习惯并不可取。

很多没有读书习惯的人说起不买书的原因是:书太贵了。身为编辑,我经常能听到这样的话,而每每听到这样的话,我心里都很不舒服。目前,一般的市场图书(抛开少数以"高定价、低折扣"为销售手段的图书)的定价是合理的,甚至是偏低的。以一本定价 25 元的图书为例,它的印制成本是 15%~20%,版税是 10%(如果是引进版的图书,还得加上翻译费),此外,还有编校费、管理费等等。以五五折发货至新华书店,出版的所得是有限的。也许用版税更能说明问题。假如这本书卖了 1 万册(这已经是不错的销量了),按 10% 计算版税(在目前而言也是不低的),作者能得到 2.5 万元稿酬(税前)。这只不过是一个高收入地区的工资较高的公务员两个月的工资,可是,一本书的写作周期也许是一两年，甚至更长的时间。其中付出的心力和劳力，只有写过书的人才能体会到。这样的所得，与作者的付出明显不符。如果图书的定价高一些，那么作者的所得也会相应提高，可是在大家都在大喊"书贵"的情况下，市场情况显然不支持这一点。

所以，书就一直便宜着。

说书价高的人中不乏烟民。他们天天烟不离手，却很少想到花钱去买一本书。其实，一包香烟的价格，跟一本书的价格差不多。稍贵一点的香烟，有的好几十元甚至上百元一包。写这篇小文的时候，我随意在某购书网站看了一下，上海辞书出版社出版的《唐诗鉴赏辞典》58 元（打折后才 48.1 元），《宋诗鉴赏辞典》52.2 元（打折后才 36.9 元），也就是一包稍贵一点的香烟的价格。可是一包烟一两天就抽完了，而一本书，是可以看一段时间甚至是可以终身相伴的；更何况吸烟有害健康，而读书愉悦身心。我家那本《唐诗鉴赏辞典》是在 20 世纪 80 年代早期买的（7 块多钱），已经伴随我们 20 多年了。

两相比较，我觉得还是烟贵，书不贵。可是为什么抽烟的人多而买书的人少呢？孔子说过一句话："吾未见好德如好色者也。"我想说："吾未见好书如好烟者也。"

希望好烟者好书，希望读书能成为中国人的习惯。

2010 年 1 月

海南"军坡节"文化寻根

曾被周恩来总理誉为"中国巾帼英雄第一人"的冼夫人,即六世纪时岭南越族杰出的领袖冼英。她生于南北朝梁天监十一年(512),终于隋仁寿二年(602)。她一生叱咤风云,为国家、民族和人民做出了不可磨灭的贡献,是深受后人崇敬的历史人物。1400多年来,海南人民用长达七天的"军坡节"来纪念她,这种情况在全国非常罕见。"军坡节"的民俗文化内涵是极其丰富的,又植根于十分突出地表现冼夫人优秀品质和高风亮节的文化精髓的几个方面,而这文化精髓的几个方面都能够直接融入现代社会,成为我们时代核心价值体系的重要组成部分。

一、征战凶顽的军旅文化

冼夫人一生最突出的事件就是出军治乱。海南多数地方每年农历二月都举办"军坡节",模仿冼夫人当年的出军仪式和阅兵仪式,这种活动也叫"装军"。群众积极参与的热情长盛不衰,而以海口、府城等地"装军"的规模最大。为了表示对冼夫人的虔诚和敬重,从"军坡节"的首日——二月初六起就要进行封斋。初九这天是"出军"前的演练,初十、十一、十二连续三天举行正式的"出军仪式"。每次"出军",先由六名壮士开路,两名旗手举着"冼"字大旗引导,紧随其后的是仪仗队。仪仗队中十人扛着的"高凉郡主冼夫人"的帅旗格外鲜艳夺目。刀兵队、棍兵队、镖兵队、钯兵队、板尾兵队、藤牌兵队等各种兵队紧跟帅旗行进。随后是锦伞高擎，撑扇拱卫，多名打扮得英姿亮丽的童男童女手持宝物簇拥着的便是冼夫人的神舆。神舆之后是音乐队、舞龙队、舞狮队和舞鹿队。队伍每行进到空阔地方就稍事停顿。在八音齐奏中，武术队和舞龙、舞狮、舞鹿队纷纷各显神通大展身手。"出军"第三天的中午过后要举行阅兵式。冼夫人的神舆被隆重地恭请到"点将台"落座后，各种队伍轮番在台前表演，接受冼夫人神灵的检阅。最后要演出敬神戏，"装军"活动才算结束。

冼夫人少年英雄，老当益壮，一生戎马倥偬。海南人民坚持不懈地以"军坡节"这种特有形式让冼夫人的英名万古流芳，这是对冼夫人的最好纪念，也是在积极地弘扬冼夫人征战凶顽的军旅文化。

唐名臣魏徵在《隋书》本传中说："夫人幼贤明，多筹略，在父母家，抚循部众，能行军用师，压服诸越。"冼夫人生于乱世，为了保国安民，她从小研习兵法，通晓军事，练就一身好武艺。这样的军事奇才，令罗州刺史冯融感到震惊，因此在梁朝大同初年（535）为当了高凉太守的儿子冯宝求婚，冼夫人便嫁给冯宝，开始了自己的事业。梁武帝太清二年（548）八月，西魏降将侯景举兵反梁，攻下首都建康，史称侯景之乱。这侯景是当时最残暴的军阀，他的叛乱使整个江南惨遭荼毒，怨声载道。冼夫人援助长城侯陈霸先起兵讨伐侯景，扭转了国家分崩离析的局面。过了两年（550），高州刺史李迁仕又密谋叛乱，想把冯宝扣为人质逼他胁从。冼夫人明察其狼子野心，伪装替冯宝到高州给李迁仕送厚礼，带着千余人挑着担子进了高州城后突然发起攻击，把李迁仕打得大败而逃，结果被陈霸先擒杀。陈朝建立后的第二年，冯宝去世，广东一带秩序混乱，冼夫人成为平息动乱安定地方的核心人物。陈朝太建二年（570）二月，广州刺史欧阳纥谋反，陈朝派遣车骑将军章昭达讨伐，冼夫人率领百越酋长迎接章昭达的平叛部队，内外夹击，消灭叛军。陈朝因冼夫人立了大功，派使者持节册封冼夫人为中郎将、石龙太夫人，赏赐绣幰油络驷马安车一乘，鼓吹一部和麾幢旌节，卤簿和刺史一样。隋文帝开皇十年（590），番禺少数民族首领王仲宣起兵反隋，岭南各族首领大部分起兵响应，冼夫人派孙子冯盎援助给事郎中裴矩征讨叛军，并亲自披甲衣，骑骏马，张着锦伞，带着骑兵，护卫裴矩巡抚诸州，岭南地方得以安宁。隋文帝对冼夫人的声威才能极为惊异，册封她为谯国夫人，开谯国夫人幕府，置长史以下官属，授予印信，许其发部落六州兵马，如有紧急情况，可便宜行事。隋元寿元年（601），广州总管赵讷贪污暴虐激起俚、僚民族反抗，冼夫人以90岁耄耋高龄，又"亲被甲，乘介马，张锦伞"，挥师广州惩办赵讷，顺利化解了民族矛盾。

　　海南的"军坡节"传神地演示了冼夫人的威武之师，生动地再现了冼夫人出军治乱的英雄气概，令人千载之下依然对冼夫人油然而生敬意。

二、维护统一的政治文化

　　在冼夫人的军事活动中，她始终恪守的最高伦理就是维护祖国的统一。这种政治文化本固根深，不可动摇。冼夫人从小"喜读阃外《春秋》"（见崔翼周《谯国夫人庙碑铭》），深受儒家思想教育熏陶。儒家的治国平天下，是以安定天下为第一要务。而要安定天下，首先必须实现和维护天下的统一。在《孟子·梁惠王上》，梁惠王问孟子："天下恶乎定？"孟子对曰："定于一。"孟子在这里把儒家的这一思想表达得十分明白。冼夫人生活在时局严重混乱之际，经历梁、陈、隋三朝。当时拥重兵得民心知兵机的冼夫人，完全有条件有实力割据称雄，但她始终以维护国家的统一为己任，坚定不移地和一切谋反叛搞分裂的割据势力做斗争。

梁朝中大通元年（529），年仅18岁的冼夫人因长于"行军用师"，已经深受南中国诸越的敬畏。梁中大通五年（534），23岁的冼夫人凭在部落中拥有崇高的威望被推举为大首领，赢得越族人民的普遍信任。梁大同元年（535），24岁的冼夫人嫁给冯宝之后，有力地辅助丈夫管起中华版图南端包括海南岛在内的岭南广大地区。在平息侯景作乱和李迁仕反叛战争中，冼夫人善于斗争又敢于斗争的军事才能都发挥了重大的作用，有效地制止了国家的分裂混乱。梁大同五年（539），28岁的冼夫人力促梁朝在海南设置崖州，确定了海南的行政地位，使自汉元帝时起脱离大陆656年的海南重新回归中央政权的统治。

有能力保国安民的陈霸先是冼夫人十分敬重又是很受人民拥戴的将军，他建立陈朝是当时的众望所归。冼夫人在丈夫去世之后怀集百越安定岭表，特别在叛将欧阳纥控制其儿子冯仆并气焰甚为嚣张的严重关头，冼夫人以国家利益为重，不顾儿子安危，断然出兵平息欧阳纥的叛乱，既是为维护国家的统一又立下了丰功伟绩，也是对陈霸先的有力支持。对于这段历史，《隋书》记载："后广州刺史欧阳纥谋反，召仆至高安，诱与为乱。仆遣使归告夫人，夫人曰：'我为忠贞，经今两代，不能惜汝辄负国家。'遂发兵拒境，帅百越酋长迎章昭达。内外逼之，纥徒溃散。"然而陈朝的末代之君陈叔宝是历史上有名的荒淫昏愦而被隋文帝斥为

"全无心肝"的陈后主。立志统一天下,结束300年分裂局面的隋文帝在公元589年攻陷建康,俘获陈后主,但是隋朝军队还不敢进军岭南。冼夫人验知陈朝灭亡之后,出于对陈霸先所建立的陈朝的感情,她痛哭了一整天,最后还是决定顾全祖国统一的大局,迎接隋朝军队入岭南。不久,番禺将领王仲宣举兵反隋,冼夫人迅即出兵讨伐诛翦,为国去祸为民除害。隋文帝对此非常感动,下敕令表彰她"情在奉国,深识正理。"(见《隋书》本传)这个"正理"就是国家的统一高于一切。冼夫人把梁、陈、隋三朝所赐分三库保管,逢年过节总要向子孙展示说:"汝等宜尽赤心向天子。我事三代,唯用一好心。今赐物俱存,此忠孝之报也,愿汝皆思念之。"(见《隋书》本传)从冼夫人一生的所作所为可以看出,她所强调的"宜尽赤心向天子"是有明确的内容的——天子必须能够统一天下安定天下。

在动荡的历史年代,维护国家统一的政治伦理,是冼夫人判别正义与非正义的标准。不管何人何事,与国家的统一比起来都是次要的甚至是微不足道的。一旦代表国家的王朝建立起来,她就要忠于国家的利益,义无反顾地维护国家的统一安定,坚决和背叛国家人民利益的一切人一切势力做斗争。在每年"军坡节"的"装军"活动中,海南人民都高度赞扬冼夫人70多年血战沙场竭尽全力维护国家统一的高风亮节,亲切缅怀她为稳定中国南方所做的卓越贡献。

三、增强团结的和谐文化

在中国的传统文化中,和谐思想从一开始就深深地滋润于民族精神与生命智慧的源头活水里。在《国语·郑语》中,史太伯就提出了"和"的概念。孔子提倡"致中和""和为贵",孟子强调"人和"。这些都充分表明了追求社会和谐是中华民族的理想。冼夫人曾说:"我事三代,唯用一好心。"她的"好心",既突出地表现在维护国家的统一方面,也生动地体现在增强人民的团结方面,并且深得中华和谐文化的要旨。

还在幼年时代,冼夫人"在父母家,抚循部众""劝亲族为善",提倡互相理解、互相宽容、互相帮助,反对"多积仇怨"、互相攻击。她首先劝说族人以和为贵,多做好事。她的哥哥冼挺任梁州刺史时,恃强倚势侵犯旁郡,使人民生活备受扰乱,冼夫人劝说哥哥"辑和"诸部落,解仇息兵,使老百姓得到安宁。她和冯宝结婚后,冯氏辖区也发生了重大的变化。冯氏本是北燕苗裔,"浮海归宋,因留于新会"(《北史·谯国夫人冼氏》)。虽然几代当官,但由于是外人,"他乡羁旅,号令不行"。而冼夫人除了有才有识通晓军事外,还因宅心仁厚,很得南方人民信任,能控抚部众。所以冯冼联姻使冯氏在当地的威信建立起来,"政令有序,人莫敢违"(《隋书》本传),不但造就了冯氏家族的辉煌,更有利于中华民族的内部融合。

冼夫人"辑和百越"也居功至伟。当她把自己所辖八州归隋之后,又积极推动隋朝实行民族和睦政策,其影响力也使"海南儋耳归附者千余峒"(见《隋书》本传)。冼夫人是岭南最有威望的俚人首领,与海南黎族的先民俚人都同属于百越后裔。两地虽然隔海相望,但作为同宗同源,冼夫人对海南俚人十分关注。由于她在搞好俚人内部团结的同时,也努力改善和加强俚人同汉、僚等民族人民之间的关系。这既符合社会安定的需要,也能深得人心。从梁朝大同年间起,海南俚人就归附冼夫人,但她从不把归附力量作为自己的割据势力,而是一切为了国家的统一和海南俚人的安定生活。后来又极力促成梁朝恢复对海南的郡县制行政管理，改变了以往的羁縻性质。这对历代中央封建王朝有效治理海南有着极为深远的意义。

冼夫人征讨分裂国家的腐恶势力是坚决严厉，一点不苟私情的，但又很注意区别对待，不滥用武力。番禺俚帅王仲先造反时，隋将韦洸被围困在广州，冼夫人火急派孙子冯暄率军救援。冯暄因与王仲先的部将陈佛智有交情，延误了进发时间。冼夫人"知之，大怒，遣使执暄，系于州狱"，把爱孙打入大牢，并从速再派另一孙子冯盎剿灭叛军。平定叛乱后，"夫人亲披甲，乘介马，张锦伞，令毂骑，卫诏使裴矩抚诸州"。他本着"首恶必办，协从不问"的原则，不但不追究这些州郡首领的罪行，还让他们官复原职，"令统领其部落"。这些首领对冼夫人的宽大为怀既往不咎感恩戴德，表示要忠于职守报效国家，从此"岭南遂定"。

为了维护国家统一和增强民族团结，冼夫人在80多岁乃至90岁的高龄，还不辞劳苦地奉诏书抚慰岭南各地俚僚民众，所到地区多达10余州。鉴于冼夫人劳苦功高，隋文帝特赐她临振县（在今三亚市）汤沐邑1500户，并追赠其子冯仆为崖州总管、平原郡公。从此，冯氏、冼氏后人相继迁居海南，世世代代为了巩固和发展海南，同海南人民和衷共济团结奋斗。因为冼夫人对海南社会的贡献比任何一位历史名人都要大，所以海南人民纪念她的庙、堂、馆有100多处，比任何历史名人都多得多。

海南纪念冼夫人的"军坡节"，是进行爱国主义教育和增强人民团结的有效载体，历来深受广大人民群众喜爱。作为一种民俗活动，以往的"军坡节"对冼夫人的宣扬有神化的成分。但作为历史人物的冼夫人，她的一生经历和所宣示的文化精神，完全无愧于"中国巾帼英雄第一人"的称号，无愧于海南人民这么长久的奉祀。2002年,海南"军坡节"提升为"中国(海南)冼夫人文化节",并且一直得到海南省委省政府的重视和支持,从而成为海南第一文化品牌,使冼夫人文化得到更好地弘扬,更利于在新的形势下发挥更大的作用。

2010年1月

又美又酷的海南饮食文化

饮食是生命之本。饮食文化是人类在长期的饮食实践中创造出来的物质财富和精神财富的总和。人们在解决果腹问题以后,必然要求吃得好、吃得美、吃得有品位,吃的文化也就不断发展丰富起来。饮食文化也叫烹饪文化,顾名思义,饮食是由"饮"和"食"构成的。饮通常指茶、酒及其他饮品;食专指主食和副食,而最受重视的则是菜式。人们在吃出文化的同时,也把对饮食的感性认识升华到美学的层面,即从味感美学的高度去欣赏和评价饮食。

海南饮食文化美不胜收,并且随着海南经济社会和旅游业的发展而遐迩闻名;海南饮食文化酷绝人寰,则是因为近些年来在几度震惊世界的"病从口入"的巨大疫情灾难中,海南饮食经受住了极其严峻的考验,创造了远祸保健的奇迹而爆得大名。海南岛更以翡翠岛、阳光岛、生态岛、健康岛、长寿岛等诸多光环名满全球,树立了建设国际旅游岛的良好形象。

淡雅:最大的特色

"民以食为天",饮食文化是关乎治国、安邦、友好往来的头等大事。孙中山先生在《建国方略》中高度评价我国饮食文化,他说:"中国不独食品发明之多,烹调方法之美,为各国所不及;

而中国人之饮食习尚暗合于科学卫生，尤为各国一般人所望尘不及也。"20世纪50年代，英国首相麦克米伦曾说过："要想享受饮食文明，只有到中国去。"1972年，美国总统尼克松访华时也曾称赞："中国的烹调举世无双。"

中国的烹调依菜式的主要风味分类为东酸、西辣、北咸、南甜的淮扬菜系、四川菜系、山东菜系和广东菜系等四大菜系。海南建省前原属广东，但却孤悬海外，故因地缘干预文化而形成了以淡雅为主要风味的特色，并且随着海南的社会发展而在饮食文化中独树一帜。海南的四大名菜，就是彰显海南淡雅风味特色的典型。

一是白切文昌鸡。古称王蔡鸡的文昌鸡早在清代就很出名。文昌鸡在放养的八九个月里主要是觅食榕树籽实和草中小虫，宰吃前再笼养约半个月。笼养处要荫蔽，每天喂以米饭、玉米糠、花生饼、椰子饼等拌和的热饲料。经过这样饲养的文昌鸡，水煮白切，皮色淡黄光鲜，肉质肥脆香酥，在清代被定为贡品。海南自古以来把文昌鸡当作第一道名菜，也深得中华饮食文化的要旨。《论语·微子》讲到待客之道时说："杀鸡为黍而食之。"杀鸡备黍便成为待客的代名词。

二是白切嘉积鸭。养在美丽的万泉河畔而与众不同的嘉积鸭，迄今已有300多年历史。嘉积鸭放养到约重三斤后，要装到窄小的笼子里离地喂养。因养法奇特，饲料选配讲究，于是形成了脯大、骨软、肉嫩、皮薄，富含氨基酸和多种维生素而高蛋白、低脂肪的上佳肉用鸭。白切嘉积鸭，肥美甘香，百吃不腻。"春江水暖鸭先知"，在所有禽兽肉中，鸭的肉性最凉，而嘉积鸭更是凉中佼佼者。因此，在地处热带的海南，白切嘉积鸭是一年四季滋补身体的健康美食。

三是白汁东山羊。东山羊产于万宁东山岭。这里的丹崖翠壁、奇洞怪石令人叹为观止,山上长年流淌的泉水含有特殊矿物质成分,山石间的鹧鸪菜和稀有翠草被美称为灵芝草。著名剧作家田汉赋诗赞叹说:"琼州多胜地,此岭独岿然。羊群爱芝草,茶好伴名泉。"好山好水好草养育了肥大硕壮肉质上乘的东山羊。我国的美学,原本产生于饮食生活,并且与羊密切相关。《说文解字》释"美"字为"甘也,从羊,从大,羊在六畜主给膳也"。古人以羊大为美,认为羊大肉味美,营养丰富,是美的象征。这是在长期的饮食生活中,从羊的内在价值上认识美的意义。而以肥美著称的东山羊,早在宋朝就是朝廷贡品。白汁东山羊素以肉肥汁白、鲜而不膻闻名于世,历来口碑甚好,其风味"妙处难与君说"。

四是清蒸和乐蟹。和乐蟹的生长环境也非常特殊。万宁和乐镇的小海是一处河水长年流入的港湾,咸淡水的交汇,适于大量的海草海菜生长,从而养育了体大肉嫩味美无比的蟹中珍品。和乐蟹与其他海蟹河蟹相比,肉质更丰厚,脂膏更丰满。清蒸和乐蟹早年就在北京获奖而载入中国烹饪百科全书,成为一道国际名菜。吃清蒸和乐蟹,使人满口含香,两颊清爽。看看这浑身铠甲武装到牙齿的水族蟹将,再想想鲁迅极力赞扬第一个敢吃螃蟹的人,更是"别有一种滋味在心头"。

海南饮食以淡雅为主的特色,是运用独特的思维方式和表现手法来反映海南人在饮食方面心理取向的一种文化现象。《红楼梦》中有首《咏白海棠》诗云:"淡极始觉花更艳,愁多焉得玉无痕。"如果将后句的"愁多"改为"浓多",再移用来解说海南饮食主淡雅的文化现象,那是非常贴切的。海南得天独厚的自然生态环境,被誉为当今的一方净土,为海南提供诸多鲜美的饮食资源,烹饪时保持原汁原味的"淡极"更美,非任何浓味的烹调可比。另一方面，虽不能说油炸火烤佐料浓重的食品全都不新鲜，但一些不太新鲜的食物原料，犹如有痕之玉，确实需要加工巧饰，使之味道浓香而吃起来也很可口。有些食物因做得浓香，的确"味道好极了"，可是，浓多焉知玉无痕！因此，淡雅的特色不仅展现了海南饮食食物又鲜又美和健康卫生，而且还展示着一个极为宝贵闪亮的文化符号：笃实诚挚。

丰美：诱人的魅力

海南饮食风味以淡雅为主要特色，这好比是主旋律，但也努力追求风味的多样性。而正是多样性丰美，海南饮食极具挡不住的诱人魅力。

味觉自古以来就是烹饪的核心内容，是食物本身具有的内在属性之一。人们对食物的诉求，不单是要吸收食物所含的营养素，同时也要以口和舌来感受食物所具有的各种美味，享受饮食所带来的乐趣。食物的味觉是食物本身对人最具有吸引力的内在属性。海南饮食重视在新鲜的前提下，尽可能把食物原料做成多种诱人的美味。饮食经营者会让顾客目睹新鲜现货，征询用什么方法做，做成什么味。因此，文昌鸡可做成白切鸡、椰子乳鸡、酿鸡、敦鸡、炸仔鸡、姜汁鸡等；嘉积鸭可做成白切鸭、板鸭、烤鸭，可加冬虫草或海参炖成药膳，可加糯米煮成鸭粥，补血生津；东山羊可白切，可浓炖也可红烧；和乐蟹除了清蒸外，还可用几十道工序做成粗吃、细吃和精吃的不同吃法不同风味。同样，其他家畜家禽都可以做成名目繁多的美味佳肴。值得一提的是，在海南所有名菜中，野生动物皆榜上无名。海南人素来把宰吃野生动物视为饕餮之徒的邪门歪道，并让害群之马备受讥嘲甚至绳之以法。良好的生态理念和饮食风尚，是海南历来没有因为食物而引发疫情灾害的主要原因。中华饮食文化追求的"食与人之和""食与自然之和""食与社会之和"的最高境界，在海南得到了生动的诠释。

海南是全国最大的海洋省，首屈一指的是水产资源。海南的水产原料比渤海、黄海、东海更丰富、更优质。蒸、煮、焗、烤、炸、炖等烹调技术可将海产品做成多得不可胜数令人馋涎欲垂的菜点。当年周恩来总理宴请尼克松总统，一道"琼台金鱿"就让这位美国总统恋恋难忘。现在海南网箱养殖水产品很普遍，休渔制执行很严格，很好地体现古仁人"数罟不入洿池，鱼鳖不可胜食"的饮食文化理想。

茶与酒是中国自古备受重视的饮品，在饮食文化中占有重要的地位。中国是茶的祖国，全世界一半以上的人都爱饮茶。茶，集饮用、药用、欣赏、静性、导德多种功能于一身，是人类物质文明与精神文明结合得最完美的典范。茶已超越固有的物质属性进入精神领域，成为人的一种生活方式，一种修养，一种境界，一种文化。

茶圣陆羽在《茶经》中说："茶者，南方之嘉木也。"生活在祖国最南端的海南人对茶的钟爱犹如苏东坡所说："从来佳茗似佳人。"（《次韵曹辅寄壑源试焙新茶》）而苏东坡在海南"汲江煮茶"颐养身心的经验，也深受海南人推崇。海南本地茶主要有五指山茶、白沙绿茶、香草兰茶、玉兰香茶和苦丁茶等。海南人聚在一起共饮早茶、午茶、晚茶之风长盛不衰。在茶馆中，三教九流会集一堂，古今中外世事变迁，天南地北趣闻轶事，人间悲欢、市场信息、待客会友、洽谈生意，大家一杯在手谈笑风生，浓郁的风土人情气息也随着茶香飘荡。

源远流长的酒文化在中华传统文化中占有十分重要的席位。

作为一种物质文化，酒的形态异常丰富，它与经济发展史休戚与共；作为一种精神文化，酒的作用非常广泛，酒的文化史与社会政治史、审美思潮史、文学艺术史等息息相关。打开海南文明史的第一页，就能闻到酒的芬芳。黎族同胞自古以来喜欢饮山兰蜜酒，广大群众喜饮米酒、地瓜酒、海马酒、鹿龟酒等。现在，世界上的白酒、黄酒、啤酒、葡萄酒、果酒、露酒、药酒等七大类酒，在海南应有尽有。酒成了人们表达感情、寄托思想、扩大交往、增进友谊、维持心理平衡、调节人我关系的不可或缺的精神上的灵丹妙药。当然，饮酒要讲酒德，而海南素来民风醇、酒风正，很少见到嗜酒生事或使酒骂座的人。这种"饮德食和"的酒文化，体现着人与人之间带有理性色彩的伦理美。

海南是全国人民的菜篮子，菜蔬繁多优质无与伦比，这是不争的事实。而四时飘香的瓜果，则给人带来更多的甜蜜。在这个"水果王国"里，有荔枝、龙眼、阳桃、酸豆、香蕉、大蕉、西瓜、木瓜、香瓜、黄瓜、番石榴、洋浦桃、柑橘、黄皮、菠萝、榴梿、油梨、红毛丹、菠罗蜜、金星果、蛋黄果、人心果、面包果等共29个科53个属，为世界其他地区所罕见。每样水果，又有很多品种，种种吃来令人大快朵颐。单是荔枝就有鹅蛋荔、无核荔、黄皮丁香、云丁香、蟾蜍红荔等品种。海南荔枝自古有名。明人《长生殿》中提到，当年唐玄宗"一骑红尘妃子笑"的荔枝中，就有一种叫"十八娘"的上佳品种，那时是用快船送过海峡，再由飞驰驿马经子午谷送到长安的。海南水果都有很好的象征意蕴，荔枝也很有代表性。丘濬《咏荔枝》诗云："世间珍果更无加，玉雪肌肤罩绛纱。"这里的"玉雪肌肤"，明喻肌肤白皙的美人儿，暗指品质高洁的仁人志士。荔枝绛红色的果皮象征吉祥，圆圆的果形象征团圆，累累的果实象征兴旺。而荔枝非同寻常的美味则是本身对人最具吸引力的内在属性，这就难怪苏东坡"日啖荔枝三百颗，不辞长做岭南人"(《食荔枝二首》之二)。

开发：锦上的奇葩

随着海南旅游业的发展，不仅国内四大菜系都有饭馆进入海南，连全世界主要著名旅游饭店品牌也已全部进入海南。这给海南饮食文化带来很大的影响，使之更加丰富多彩。但是毋庸讳言，由于海南饮食经营理念还滞后，管理水平还有限，也由于宣传吆喝无力，很多名声在外的美食国内外游客却难得一见，饮食文化的不足之处也日益暴露出来。这和休闲度假旅游胜地很不相称，和国际旅游岛的差距更大。可见，对饮食和饮食文化的研究是多么需要引起我们高度重视的问题。

对于富有特色和具有优良传统的海南饮食文化当然要发扬光大，一以贯之；对于外来的一切优秀饮食文化要认真学习和借鉴，既要利用一切精湛的外来烹饪技艺将海南饮食资源打造出更多的新品牌，又要在外来菜式中加入海南元素，使之本土化，以避免"水土不服"而不能落地生根。海南饮食文化只有在坚持特色的同时善于综合创新、与时俱进，才能精彩纷呈，具有长远的生机与活力。

坚持特色发扬传统的重要一环，就是要注重开发海南饮食文化资源，精心打造叫响品牌。例如，利用椰果开发的椰树牌天然椰子汁，一经问世就成为国宴饮料，享誉中外。对饮食文化资源的开发，既要对"养在深闺"的资源努力挖潜，也要对虽已开发但尚未形成规模效应者加大开发的力度。

一、东坡美味。大文学家艺术家苏东坡善于利用很普通的原料做出美味保健食品，例如东坡肉、东坡腿、东坡酥、东坡饼、东坡肘子、东坡豆腐、东坡芹菜脍、东坡墨鲤、东坡豆花等等，被称为登峰造极的美食家。谪居海南三年，他制作的美味主要有天门冬酒、真一仙酒、东坡玉糁、东坡羹、东坡豆等。比东坡稍后被流放到海南的著名诗僧惠洪吃到东坡美食时惊叹不已，他在《东坡羹》诗中写道："东坡铛内相容摄，乞与馋禅掉舌寻。"这是说菜羹还煮在铛内，诗人就忍不住夹起来吃，把盘中羹吃完后，还想弄动舌头舔盘子。其馋相实在写得太生动了。

二、多文总统菜。原是临高多文镇的一种空心菜，因味道出类拔萃而出名，又因只小面积种植更以稀为贵。1972年春天，美国总统访问中国的破冰之旅，受到隆重欢迎，多文空心菜被空运到北京招待尼克松总统，"总统菜"因而得名。中美两个大国的建交，对现代世界格局的形成起到了举足轻重的作用。多文空心菜见证了两国领导人举酒交欢的历史瞬间，两国人民切盼化干戈为玉帛的美好愿望从此变为现实。两国终于"建立一个架构，在国家利益相合时能够彼此支持"（见基辛格《大外交》）。

三、海南咖啡。周恩来、刘少奇、朱德等党和国家领导人都品尝过海南咖啡，对其评价很高。海南咖啡主要有澄迈福山咖啡和兴隆农场咖啡两种。它们是开发咖啡文化的上佳资源。咖啡和可可、茶并称世界三大饮料，咖啡文化还是现代社会文明的标志。1947年，世界著名女权运动先驱法国女作家波伏瓦出访美国，因对美国没有咖啡文化感到奇怪和厌恶，于是深入调查，发现了美国"闪亮外表下的卑微"真相，写出了向世界真实客观反映美国社会的名著《波伏瓦美国纪行》。

四、特色小吃。海南小吃很多，有些很有特色而现在很少见到，诸如九层糕、萝卜糕、饭豆糕、三色包、牛耳朵、炸甜饺、毛薯疙瘩等等。这些小吃形形色色，味道各异，吃起来感到很解馋，令人深刻体会到中华饮食文化"物无定味，适口自珍"的深意。同时，地方特色小吃也是地方风俗文化的反映，如海南人普遍认为，常吃九层糕，就会长长久久甜甜蜜蜜。

五、海南山茶。海南山茶很多，主要的有鹧鸪茶、水满茶、金银花茶、野生苦丁茶等。其中芳香四溢的鹧鸪茶分布最广，保护最好。海南的山茶可饮用，可药用，很利于当代人的养生保健。黎家"五月茶"就以鹧鸪茶为主要成分掺以益智果、茅草根和金银花等配成。黎家风俗，五月初五摘采配好备用的"五月茶"，饮用解渴和药用防治伤风感冒效果都最好。

六、海南野菜。海南可食用的野菜有100多种，主要的有五指山菜、树子菜、白花菜、野艾菜、四棱豆、紫藤菜、猪齿菜、马齿菜、雷公笋、雷公根、新娘菜、长寿菜等，在四季常春的海南岛一年到头都可采到。不少野菜采摘以后"春来发几枝"，还会长得更加茂盛，既让人吃得生态，又能很好地做到在开发中保护、在保护中开发。

七、崖州粉汤。这是盛行于三亚、乐东一带的凉粉汤、酸粉汤和猪肠粉汤。这三种粉汤使用佐料和海南粉大同小异，但粉的制作程序很复杂。凉粉用地瓜粉为原料；酸粉用米粉发酵闻出酸味才制作；猪肠粉则先用米粉蒸成薄片后卷成猪肠状再切成粉条。三种粉汤吃起来畅快淋漓，而凉粉汤沁人心脾的"凉"则深深地打上了海南的地理印记。海南古称"炎州"，很需要"凉"的中和调适。

海南具有开发价值的饮食资源丰富多彩，或寄托意蕴闳大，或人文情怀浓挚，或风土习俗醇厚，开发前景非常广阔，将在海南饮食文化的美锦上增添奇花异卉，使之更加色彩斑斓引人入胜。

建设海南国际旅游岛，在饮食文化方面，当务之急是更新经营理念，提高管理水平，并且统筹规划在适当的地方多打造一些雅致整洁的海南美饮美食街，让中外游客更好地品尝海南美味和欣赏海南饮食文化。

（本文与刘光前教授合作，原载《新东方》2010年第3期）

关于《要塞》的人与事

《要塞》是法国著名作家圣埃克苏佩里写的，作者认为这是他最为重要的作品。然而，由于这位战斗英雄在一次飞行任务中意外失踪，这部作品没有写完；相比于他的风靡世界、还被公众评为"20世纪最佳法语图书"的《小王子》，《要塞》在一般读者中的知名度要小多了。

我是在2003年9月作为责任编辑推出这本书的（海南出版社出版），它的组稿编辑是我当时的同事黄明雨。我认为，优秀的出版人最起码要具备两种素质：一是对书的热情，二是与文化人的广泛交游。这两点，黄明雨都具备了，因此他在出版界的表现极为出色。早先，他策划科普图书"三思文库"，在业内有不小的影响；现在，他则关注"身、心、灵"，出版了很多有影响的读物，包括最早引进我国的三本克里希拉穆提的作品《重新认识你自己》《一生的学习》和《生命中不可不想的事》等等。

拿到《要塞》书稿后不久，我出差到上海，特地拜访它的译者马振骋先生。那天晚上我们天南海北，聊得很尽兴。无疑，编辑跟作者、译者都保持很好的关系，对出版工作极有助益。后来在编辑《要塞》的过程中，马老师给我推荐了很多关于这本书的评论和图片。这些对于我把握这本书的内容很有帮助。

《要塞》的出版时间比马老师期待的要晚一些，显得有些慢了。起初他可能是有点意见的，但他知道具体情况后，不但不以为意,还给我寄来一本他翻译的米兰·昆德拉的名著——《慢》。他在扉页上题词:"以《慢》来纪念我们首次合作,含有'慢工出细活'之意,为今后建造更坚固的要塞努力。"在编辑的过程中,像这样的细节是很令人难忘的。

　　前年,马振骋先生以一己之力翻译的《蒙田随笔全集》的出版,在读书界影响很大。有一段时间,每隔三五天就能在报刊上看到相关书评。有一天我看到记者对他关于《蒙田随笔全集》的访谈,于是打电话向他表示祝贺。说起《要塞》,彼此的感觉还是很惬意。马老师是一位非常认真的翻译家,他对自己的译作是倾注了心力的。《蒙田随笔全集》后来还获得了"傅雷翻译奖",作为与他合作过的编辑,我感到由衷的高兴。

　　《要塞》中译本用的封面基本上是法文版图书的,因为它的设计太出色了,我想不出应该用什么样的创意来超越它。可是原书的封面太旧了,不能直接用,负责封面设计的邱小强就建议找一个油画作者临摹它。画好之后,我们请一位摄影师把它拍下来(然后输入电脑,供设计用)。这位摄影师,就是赵铁林。当时,他的作品《黑白宋庄》和《那些逝去的记忆》正交由海南出版社出版。之前我知道他,还是因为他在海南待过一段时间。他用镜头留下了他接触过的一些女性的生活,并由此出了一本叫《另类人生》的畅销书。他是一个很执着的人,不断地用他的照相机记录他所关注的一切,被称为中国当代"新纪实摄影"的代表人物之一。我是海南人,他则算是半个海南人。就着这层关系,我还请他和他的海南籍助手吃过饭,聊了很多关于海南的趣事。之后,就再也没有联系过。去年偶尔翻看一本《社会学家茶座》,才知道他已因病于 2009 年 5 月 16 日去世。作为一个对自己的工作投入了热情的人,他自然是令人难忘的。

《要塞》是一部充满诗意和哲思的作品，必须找一位哲学家来向读者推荐它，周国平自然是最合适的人选。当时我跟周老师还不认识，通过电话之后，他表示先看过清样再说。接着，我得到反馈：他很喜欢《要塞》。很快，他的推荐文字就出来了，写得洋洋洒洒，其见解和文采都是非凡的。这篇文章的篇名为《走进一座圣殿》，想必它已成了作者的得意之作，后来我还在他的多种选集里读到它。由此，我跟周国平也熟悉了，还推出一本《周国平自选集》，作为海南出版社编辑的"中国当代著名作家自选集系列"中的一本。

　　由于有马振骋老师提供的信息和周国平老师的推荐序，我给《要塞》做的文案是："20 世纪最佳法语图书《小王子》作者的最重要作品；与尼采的《查拉图斯特拉如是说》、纪德的《人间粮食》并列的三部重要哲理小说之一；著名作家、学者周国平作序推荐。"我认为，一本书的封面文案，要点出它的重要性、特性，同时，又要有一定的煽动性——既要引导读者，又要刺激读者的购买欲。

　　按照我出书的惯例，对于每本书，我都要组织几篇书评的。相对而言，我倾向于专家书评，因为专家是能把一本书看透的人。另外，在请人写序言之时，要考虑到这篇序言本身就是一篇书评。这样，在约稿的时候做到有针对性，可以一举两得。周国平为《要塞》写的推荐序，当然就是一篇精彩的书评了。另外，我还请《天涯》杂志的社长孔见为《要塞》写一篇书评。孔见也很喜欢这本书，他的文字同样以哲思见长。不久，他把书评《石头与神庙的关系》发给我。这也是一篇能引导读者深入了解《要塞》的文字。

　　我的一些作家老师、作家朋友很喜欢《要塞》，海南作家崽崽能把它一段又一段地背诵出来。我在旁边听着，一种满足感油然而生。我以为，一个编辑，能推出让很多人喜欢的书，是他所能得到的最高奖赏了。

对于编辑这个职业的意义，我觉得美国著名出版人舒斯特在《给有志于编辑工作者的一封公开信》中说的很有道理："编辑不应该只是一个能充实人生的行业，同时编辑本身也是一种人文教育，你因此有机会和当代最有创造力的一群人共事，结交作家、教育家以及各式各样的具有影响力人物。你等于在修一门你愿意付费的终身学习课程，不同的是，你修课的时候不但领薪水，而且还可以在知识和心灵上得到无法衡量的满足。"

所以，在编辑一本书的过程中有很多令人难忘的人和事也是自然的。《要塞》推出已经七八年了，我还常常想起它——以及关于它的人和事。

（原载《现代出版》2011 年第 3 期）

斯德哥尔摩：一个雨天的事

经常想起那一天在斯德哥尔摩的事。

2014年9月22日，那里下着雨，时而中雨，时而大雨，让王景霞、洪声和我等初到那里，却充分感受到她的平和与宁静的人，更觉得这个城市多了一份清凉的诗意。

一大早，高锋老师如约而至。他是我们那次瑞典之行的向导，退休之前曾经担任中国驻瑞典、塞黑、巴新使馆参赞，还当过中国驻哥德堡总领事；是一位资深外交官，也是一位研究北欧模式的专家。

说起来，高老师的人生和学术都各有一次重要的际遇。20世纪70年代，他正在响应"上山下乡"的号召而在田间劳动。有一天，他突然接到返回北京的通知。他是学外语的，那一年，外交工作突然急需人才，于是他被紧急调用。不久由北京派驻瑞典，到了一个当时还很陌生的国度。一切都很新奇，有时候他还诧异，怎么办公室外的院子里还时时有小鹿在悠闲地踯躅。他从此关注这个古老、自由、宁静而又令人愉悦的国度。到了80年代，改革开放后，一位国家领导人访问瑞典。也许是北欧人的社会制度和生活方式引发了他的思考，他对高锋说："小高啊，你要好好地研究北欧模式。"从那时候起，高锋更加深入地研究北欧，一直笔耕不辍。

高老师那一天带领王景霞、洪声和我去拜访汉学家马悦然先生和瑞典前首相卡尔松先生。在见到他们之前，我们冒雨去参观斯德哥尔摩图书馆。该馆是一座主体形式为圆形的建筑，身处其中，环顾四周，那墙上摆满的图书让人如置身书城，对书的敬意油然而生。

　　此时，斯德哥尔摩秋意正浓。从图书馆出来，我们到附近的一家便捷店吃快餐。坐在店里，看着窗外雨天里的秋柳，我理了理要拜见马悦然先生的思绪。作为出版人，我对马先生的敬重不只是因为他是诺贝尔文学院的院士和诺贝尔奖的终身评委，更因为他的中国情结和他对中国文化的译介工作。所以，当听说我们此行将要见到马先生时，我内心还是十分激动的。

　　与马先生的会见是在他家附近的咖啡馆里。那是一家很有特色的咖啡馆，橘红色的墙上是一些文学大家——如马克·吐温、乔伊斯、伍尔芙、北岛等人——的黑白相片以及一些文学图像，让人不禁联想到文学、文学奖和这个国度的联系。当时，陪同马先生赴约的还有他的夫人陈文芬女士。马先生精神矍铄，说一口流利的汉语。言谈之中他提到他的老师高本汉，他本人的中国情缘。虽然马先生已经以他翻译《水浒传》《西游记》以及向西方介绍中国典籍的工作为人们所熟知，但当面聆听他平实的讲述，还是给人以特别的亲切感。我们建议他把在中国的经历以回忆录的形式写出来——就像当年费正清以他的经历写了《费正清中国回忆录》一样。不过，我还是能从他的神态中读到完成这部回忆录的难度，毕竟，他当时已经90岁了。我深信，他的中国故事，应当是精彩而富有历史况味的。

　　话题转到沈从文先生。马先生说，沈从文的《中国古代服饰研究》是一部精彩的著作，那是一部"文物小说"。"文物小说"？我当时微微一怔，觉得他的评价很特别，既感性，又理性，也很有意味。他希望我们能够促成这部著作的英译，把它介绍给中国以外的读者。身为海南出版社社长的王景霞当即应承此事。回来后，我与沈从文之子沈龙朱联系，最后得知香港商务印书馆有计划做这件事。该馆有这本书的出版权，我们只好作罢。

出于求证的目的，我还询问了关于沈从文与诺贝尔文学奖之事。此前我在范曾先生的《忧思难忘说沈老》一文中，读到他与马先生交谈时，曾听马先生说起沈从文如不早逝，将获得某年的诺贝尔文学奖一事。对此，马先生以肯定的口吻说：是的！他还说起当年沈从文去世时，因为信息闭塞，未能得到确切的消息。他曾到中国驻瑞典大使馆打听此事，但是大使馆的工作人员并不知道沈从文是谁。最终，他从传记作家李辉那里得到沈从文逝世的确切消息。

沈从文与诺贝尔文学奖，这本身就是一个遗憾的故事，就像很多文学作品的主题一样。虽然获得诺贝尔文学奖并不能为沈从文的文学本身带来什么实质性的意义，但是，如果通过这个奖项使更多的世人知道他，认识他，了解他，走进他的精神世界，不也是一种意义吗？！

马夫人陈文芬女士纠正了我提到的一个坊间的说法：沈从文去世后，马先生希望诺贝尔文学奖评委会能破例将该奖授予这位过世的作家，于是去做其他评委的说服工作。陈女士说：说服之事是不存在的，悦然并没有这么做。

告别马悦然夫妇，从咖啡馆走出来的时候，还下着雨。我们赶往地铁站，要去见英瓦尔·卡尔松先生。

到瑞典之前，我稍做功课，读了尼尔·肯特的《瑞典史》。从中知道卡尔松是社会民主党党员，曾经当过两任首相（1986—1991年，1994—1996年）。说起来，他也是可以名垂瑞典历史的大人物了。可是，我们与这位大人物见面的场合却极其普通——在一家很大众化的咖啡厅，没有卡座，也没有包厢。更令我感到诧异的是，他和我们一样，也是坐地铁来的；同样，也冒着雨。

看到卡尔松与高老师亲切而随和的见面情景，我就知道，他们是老朋友了。由高老师做翻译，卡尔松和王景霞沟通了他根据自己的从政经历写的《教训》一书的中译本的出版事宜。在与我们沟通的一个多小时的过程中，间或有人从旁多看卡尔松一眼——也许他们觉得他眼熟，也许他们中有人认出了他；但又怎么样呢——没有人打扰他，一切都显得那样的平和与从容。虽然当地人说话的声音不大，但是那个场合太大众化了，未免稍显嘈杂。我们围着一张小桌子，倾听了他的"中国印象"。临走，在我们的恳求下，他拎上我们远道带去的海南特产——福山咖啡，撑起伞，走入雨中，奔向地铁站。

接着，高老师提议我们和他一起到斯德哥尔摩老城拜访他的朋友，一对曾经在北京工作过的瑞典夫妇。

他们很热情地拿出苹果派接待我们，并兴致勃勃地讲述他们在中国的工作经历和对中国的印象。由于是刚刚入住"新居"，我们受邀参观。竟然是17世纪的房子，刚装修的。屋主倾向简朴，但现代化的厨具、卫浴用品一应俱全。家具以及墙上的挂画简洁明了，也很有现代气息，并没有让人觉得屋子的陈旧和古老。末了，我们还看了地下室——当然也是17世纪的。从这里可以看出这座楼房的质量，石头砌的，坚实、牢固。它被打理得很整洁，酒架上躺着一瓶瓶诱人的葡萄酒。

一直不停的雨让人想到这座老城的积水问题，然而这个问题在那里是多余的。斯德哥尔摩的建筑被保护得这么好，得感谢它在200多年里未遭遇过战争。但是也不能否定，这里没有人为的破坏。我想起在去瑞典的途中，我还和洪声兄谈起我所亲见的一处富有文化价值的百年建筑在20世纪90年代被无情拆毁的情景。两个人一路上都在扼腕叹息。在瑞典老城所见，这种落差令人感慨。

由于薛忆沩老师和洪声兄的因缘，在那个雨天，我们还见了万之（陈迈平）夫妇。

黄昏时分，万之夫妇驱车来接我们。万之老师在斯德哥尔摩大学东亚系任教，讲授中国文学。他的夫人陈安娜是有名的汉学家，是马悦然先生的弟子，译介过多部当代中国作家的作品，如莫言的《生死疲劳》、韩少功的《马桥词典》、余华的《活着》、刘震云的《我不是潘金莲》等等。我孤陋寡闻，第一次知道她，还是莫言获得诺贝尔文学奖之后她作为译者接受中央电视台的采访。我有印象，她说着一口流利的普通话。当时我跟一个朋友一起看电视，朋友说：陈安娜说的普通话比你说的还好。刚见面，我把这个信息跟陈安娜说了，她说：这怎么可能呢！

闲聊中得知斯德哥尔摩的华人餐馆很多，有400多家。这次，我们到了一家川菜馆，吃火锅。

由于他们夫妇俩到法国参加会议刚回到斯德哥尔摩，有些疲倦，因此我们的聊天仅仅是一餐饭的工夫。闲谈中，我能感受到他们对中国文化的译介工作所做的努力。万之是华人，很早以前就是《今天》杂志的编辑。知道我们和韩少功先生是熟人，他还回忆起当年韩少功到杂志社造访的情景。万之先生除了授课之外，还办了一家出版社，叫"万之书屋"，着力于译介中国作家的作品。那次，他带来一本他的出版社推出的新书，瑞典文版的。我问他这是哪一位作家的作品，他说，是贾平凹的《高兴》。作为这次见面的纪念，我把这本书带回来了，现在它还在我的书架上。

陈安娜一直都在译介中国作家的作品，而且很勤奋。她经常在凌晨四点钟就起来工作,"因为这个时候很安静。"她说。言谈中我感觉到她喜欢中国作家的作品不少,恨不得有很多的时间来翻译它们。

晚饭后,万之夫妇驱车把我们送回住处。

不知什么时候,雨已经停了。

2017 年 10 月 1 日

第三辑
闲读偶记

人文世界的守护者

——读陆键东《陈寅恪的最后 20 年》

如果回眸中国现代学界，读现代作家学者们给我们留下的往事，可以读出许多感慨。仅仅是他们的人生经历，就留给后人无数的话题。我尤其感动于他们的崇高人格，感动于他们的人格精神所焕发出的力量。所以我觉得读他们的人生故事，并不是读他们的著作的题外之事，他们的文化人生所呈现的历史意蕴，是值得我们深深思索的。

读陈寅恪最后 20 年的往事，不仅能读出这位文化宗师的人格精神的伟大之处，而且可以体会到他对学术精神的执着。"风格即人格"在陈寅恪的身上得到了极好的展现。

当年王国维自沉昆明湖，陈寅恪写下一语："凡一种文化值衰落之时，为此文化所化之人，必感苦痛，其表现此文化之程度愈宏，则其所受之苦痛亦愈甚。"从陈寅恪本人的人生经历，就可以深切地体会到他为文化所化，又为文化衰落所苦的心路历程。在他生命的最后 20 年中，他所推崇的"自由思想、独立精神"实为空谷足音。陈寅恪是孤独的，他的孤独是壮美的。他在最后岁月备尝心灵之苦，但是他的人格精神和学术思想却因岁月的磨难而愈发壮美绝伦。以陈寅恪为坐标，可以看清中国现代学界和文坛的许多人和事。

陈寅恪的人生是"学术人生"，其生命流程与学术精神已融为一体。所以,为陈寅恪立传,不仅仅是要记录他的生活经历,而且要展现他的学术精神。《陈寅恪的最后 20 年》一书的作者陆键东写的正是陈寅恪的"学术人生"——融合地展现陈寅恪最后 20 年坎坷的人生道路所呈现的绚丽的风景线和他的学术世界,透视了一代文化大师感受人生并躬身著述的心路历程。

作者的叙述之笔富有文化意蕴,对陈寅恪的人格精神和学术精神的展现极富魅力。书中叙及吴宓南下拜访陈寅恪一节尤为感人。在那时候,友情的空间很小,但友情的力量很大。这种人格和精神的交往,无疑缓和了他们孤独怆然的心境。在作者的笔下,我们还可以读到与陈氏交往甚密的陈序经、梁方仲、梁宗岱等一代知识分子的人生经历。该用怎样的话语来概括那一代知识分子的文化情感呢,作者说:"比起封建时代的学人,现代学人的文化人生所呈现的历史意蕴要丰富得多。"信然!

学人风骨所包含的不仅仅是学人的人格精神,而且应包含着学人的学术精神。这是一个永远令人感动的话题。

(原载《海南日报》1996 年 11 月 10 日)

园林艺术的奥秘
——读刘天华《画境文心：中国古典园林之美》

在中国人的审美意识之中，"诗画一体"是很突出的，而我国的园林艺术，不论是苑囿花园、文人园林、寺庙园林或是邑郊风景园林，均得力于诗与画的熔铸，所以，用"画境文心"来概括古典园林艺术之美是很确切的。在读着刘天华关于园林艺术的《画境文心：中国古典园林之美》时，便觉诗情画意扑面而来。

书中特别提及陶渊明的影响。作者称："陶渊明被人尊称作我国田园山水诗的鼻祖，也是园林艺术中文人园林的创始人。"这位"采菊东篱下，悠然见南山"的大诗人带给中国古代文坛一股源源不断的清流，带给后世文人一种让人景仰和崇拜的理想和精神。自然，这种理想和精神也体现在作为古代园林之一的文人园林上。在体会我国园林艺术时，我们可以深切地感受到这股清流之韵。

除陶渊明之外，庄子、禅、音乐等亦影响到园林艺术，带给园林一种精神上的通融；同时，诗、画艺术又为造园者所取法。作为一部关于中国古典园林美学的论著，作者笔下所及之园林美学，比如园林的"体""景""法""境""韵""情""趣"等各个方面，阐述了多种精神和技法在园林艺术中的融合。在读着这些园林美学理论时，我的感觉是自己是在读着一本中国古代文论，或者是画论；感觉到园林艺术中弥漫着的种种艺术精神。而诗境与画境在园林艺术中的渗透,似乎已达到融为一体的程度。

园林的艺术美,诸如"意境""理趣""韵律""空灵"……融合了古典艺术美的真谛;而园林的流变,折射了沧桑世事在人们心灵中的嬗变;从关于园林的往事,又可以读出许多士大夫的情感。的确,中国古典园林留给读者很多关于历史、关于文化的东西,它所包含的意蕴太丰富了。所以我觉得对文学,特别是对诗、画感兴趣者,有必要读一读关于园林的著述。

刘天华的著作,为我们展示的是诗情画意的园林艺术,让我们看到中国古典艺术之间的融合之美。这是该书所以吸引读者的原因。

(原载《海南日报》1997 年 2 月 13 日)

英雄的意义

——读斯蒂芬·茨威格《人类的群星闪耀时》

巴尔沃亚寻找太平洋，穆罕默德二世攻陷拜占庭，韩德尔创作《弥赛亚》，斯科特挺进南极，列夫·托尔斯泰"逃向苍天"……在人类历史上，优秀人物的创造精神总是令人难忘、令人感动的。奥地利作家斯蒂芬·茨威格的《人类的群星闪耀时》向我们展现了拿破仑等12位历史人物的奋斗史，极富可读性。

作者在文字中毫不掩饰他对英雄们的钦佩之情，同时，有感于成就大事业之不易，他不遗余力地写了群星们在成功背后的艰辛历程。作者对那些"失败英雄"（如兵败滑铁卢的拿破仑、挺进南极的斯科特等）的叙述之笔也富有深情。在这里，茨威格所倾心的显然不是一种结果，而是一个过程。这些英雄们之所以赢得我们的钦佩，是因为他们"已经奋斗过了"。

茨威格的这部作品使我想到巴金的一篇短文——1985年，巴金在回答巴黎图书沙龙提出的"您为什么写作"一题时撰文说：

人为什么需要文学？需要它来扫除我们心灵中的垃圾，需要它给我们带来希望，带来勇气，带来力量。我为什么需要文学？我想用它来改变我的生活，改变我的环境，改变我的精神世界。……

巴金的话又使我想到我读书的经历。从少年时代起,我就读过一些关于历史人物的著作。而我读优秀人物的历史、传记,或是故事,能从这些人物的经历中读到什么呢?是希望、勇气、力量。我需要从这些优秀人物的经历中体会能改变我们的精神世界的东西。毕竟,英雄们是生活中的绝对强者。

(原载《海南日报》1997年4月7日)

闲读偶记

一

在没有电灯只秉着一支蜡烛的雨夜读书,那是别有一番滋味的。这时候,别的声音都静止了,只有雨声最大。淅淅沥沥的雨声把人的思绪都打湿了,然而这份思绪又能穿透雨夜,显得格外绵长。此时宜读一些意境营造极佳的作品,在雨夜滋长的情思可以让人进入这些作品的境界中去。

二

我读过一些关于现代作家、学人的传记。我从心底不喜欢只简单地记录主人翁行踪和罗列其著作目录的东西,我喜欢读那些能融合展现主人翁的人生历程与心脉流程的作品。而他们的心脉流程,可以从他们的作品或著作之中透视。

三

《从文家书》中有一则沈从文颇感兴趣的"寻人启事",兹录如下:

立招字人钟汉福，家住白洋河文昌阁大松树下右边，今因走失贤媳一枚，年十三岁，名曰金翠，短脸大口，一齿凸出，去向不明。若有人寻找弄回者，赏光洋二元，大树为证，决不吃言。谨白。

　　读着这则启事，免不得会掩卷发笑，然而这个钟汉福的不事雕琢之笔，已将他的贤媳的形象极为生动地凸现出来，写得既"生"且"活"了。这的确是一段活生生的文字，难怪沈从文在家书中对妻子说："这人若多读些书，一定是个大作家。"

四

　　《从文家书》中有《湘行书简》，越往下读，就越能感受到湘西的青山绿水、人事哀乐，也就越能感受到作者心灵的跳动。

五

　　以前读诗在意于"背诵"，如今觉得读诗着意于"品味"更佳。在脑海里多回味几遍，总能品出诗的画境和意味来。

（原载《海南日报》1997 年 5 月 11 日）

感受期待的力量

杰克·伦敦有一篇很著名的小说，就是列宁临终前听了他的夫人给他朗读后大加赞赏的——《热爱生命》。在读着这篇小说时，我深切地感受到这位荒原里的淘金者在遏制生命的环境中对生的期待。

从《顾准日记》中可以读到作者的期待。那时被历史误解，背着黑锅且身患绝症的顾准仍躬身探索，孜孜以求，期待着以学报国的时日到来。

从他们的期待之中，可以感受到一种力量，这是一种使人感动，催人向上的力量。我越来越倾心于从书本中感受期待的力量了。

"冬天来了，春天还会远吗？"这是雪莱的期待。

"这个人也许永远不回来了，也许明天回来！"这是沈从文对"爱"的期待。

"参差荇菜，左右采之。窈窕淑女，琴瑟友之。"多么深情而又热烈的期待啊！

……

有人说，文学是遗憾之学。"人生没有遗憾便不会有文学。"的确，人生的遗憾太多了。李白高呼"人生得意须尽欢，莫使金樽空对月"，正好从侧面说明了人生得意时少，遗憾时多。很多的文学作品都表现了这一点，于是，在书中，我们读到了不少的

"遗憾"之作。

然而，正是因为生活中有遗憾，我们才有企盼，有期待。如果我们的生命完满无比，那么我们何须期待些什么呢！其实，很多表现人生"遗憾"的作品，亦是充满了期待的作品。作者在表达遗憾的同时，也在期待着。曹雪芹写《红楼梦》时，一定期待着幸福美满的爱情；米兰·昆德拉写《生命中不能承受之轻》时，一定期待着捷克能摆脱苏联人的铁蹄；沈从文写《丈夫》时，期待着清明时世的到来。杜甫的期待是最令人感动的，他的茅屋被秋风掀去"三重茅"时，"贫病老丑"的他面对凄然物事，想的却是"安得广厦千万间，大庇天下寒士俱欢颜"。他的愿望、期待，就是太平盛世，人民安居乐业。

以前读我国的古诗，只觉得不少作品悲伤的情感太浓了，殊不知这些"悲"和"苦"的诗作，就是作家们期待的梦痕和心曲。一些能反映史实的诗作可以证明这一点。中国古代的不少诗即是"史"，是诗人的历史，也是国家的历史。因为开明盛世时少，兵荒马乱时多，所以很多诗作都记录着诗人的艰难历程。在这艰难的人生旅途中，他们的期待自然是很深切的。

期待自然不是空空的等待。有期待就有希望，有行动。书中的人和事——不论是真实的还是虚构的——他们在期待中表现出来的力量是多么感人啊。顾准在期待中孜孜不倦，留下了有价值的学术著作；又累又饿的淘金者，在期待中走出荒原……

书中的期待能给我们许多启示。如果说文学是可以改变人的精神世界的东西，那么表现在其中的蕴满了力量的那股期待之气，对我们的生活有何启示呢？只要我们的生活中有遗憾，我们就有期待。

（原载《海南日报》1998年4月5日）

解读电影英雄

——读约翰·巴克斯特《斯皮尔伯格：一个好莱坞电影人的传奇》

英雄对于我们来说具有一种庄重的意义，我们之所以渴望了解英雄，是因为他们体现了意蕴和魅力。斯皮尔伯格无疑是一位具有传奇色彩的银幕英雄。但凡今天的电影爱好者，已很难抵挡斯皮尔伯格的电影的魅力和诱惑。《拯救大兵瑞恩》再次把斯皮尔伯格推向奥斯卡金像奖最佳导演的宝座，又一次把这位早已名声赫赫的传奇人物推向荣誉的高峰。我们想解读他，像解读许许多多的英雄一样，想从他的奋斗史中提炼对我们有激励作用的成功因素，同时通过另一种方式解读他的电影的内涵。

最近，由海南出版社推出的《斯皮尔伯格：一个好莱坞电影人的传奇》为读者了解这位电影大师提供了依据。

本书从传主的童年写起。作者在追述传主的人生往事的同时，也追述他的创作道路。由于作者倾注了笔力，这些文字给人充盈与实在的感觉。特别是那些叙述传主拍摄一系列巨片《大白鲨》《侏罗纪公园》《辛德勒名单》等的文字，告诉我们传主构筑这些大片的匠心之所在。相信读者们从银幕上了解传主的电影后，通过这些文字，能更深入地解读它们。

自然，斯皮尔伯格在好莱坞并非一个孤立的个体，本书讲述的并不只是"一个人的故事",而是"一些人的故事",它"展示了整整一代美国新锐导演的精神风貌"。

既然如此,我们何妨翻开它?

(原载《书摘》1999年第6期)

正义与勇气（二题）

《正义与勇气——世界百名杰出战地记者列传》

战争要取得胜利，有两样东西不可或缺——正义与勇气；战地记者在枪林弹雨的战场上，站在自己生死的边缘目睹他人的生死时，同样有两样东西不可缺少——正义与勇气。

海南出版社 2000 年 5 月出版的《正义与勇气——世界百名杰出战地记者列传》汇集了美、苏（俄）、中、英、法、意、日、新等国共 110 名杰出战地记者的列传。此书凸现了从克里米亚战争到海湾战争 100 余年来世界各地战场上许多鲜为人知的侧面。著者在体例安排上独辟蹊径，打破了按传统国籍分类的惯例，以这 110 名战地记者的生活年代为序。这实际上也是为读者提供了一个全新的视角。

苏联作家阿·托尔斯泰的一段战地记者生涯对他的一生产生了重要影响——他经历了震撼世界的两次世界大战。写下卫国战争题材小说三部曲《生者与死者》的苏联作家西蒙诺夫也有过一段为人称道的战地记者生涯。他曾这样概括自己的笔墨生涯：称自己是"一个记者，一个 40 年来坚持不懈，几乎毫无例外地只写战争题材，首先是写卫国战争题材的作家"。

在栩栩如生、各具神采的沙场无冕之王的群像中，还有职业战地记者之王拉塞尔、为恩格斯提供"炮弹"的让罗、粉色新闻大王的马前卒克里尔曼、血洒长城脚下的雷烨、战场白马王子戴维斯、第一个报道南京大屠杀的德丁、卫国战争头号笔杆子爱伦堡……

这套丛书的意义在于它的拓荒性，它是国内研究战地记者的一部开山之作。

《新闻与揭丑——美国黑幕揭发报道先驱林肯·斯蒂芬斯自述》

19世纪末20世纪初是美国社会的转型期，美国的经济在这一时期得到了巨大的发展，而作为这一特定时期的产物，城乡矛盾、官商勾结、权钱交易等社会问题有如一股黑潮，源源不断地涌现。

"黑幕揭发"运动在富有责任感和正义感的新闻记者们的努力下应运而生，而后，这场运动蓬勃发展，波及文学界，对美国社会产生了积极而深远的影响。

林肯·斯蒂芬斯是这场"黑幕揭发"运动的发起人之一。该书是他个人的历史，也是美国"黑幕揭发"运动的历史和来自运动最前沿的报道。这是一本硬汉写的书，其文字由气魄和正义凝铸，显得明快而精炼。作者满怀深情地叙及他的童年，这位"马背上的男孩"在童年时代就省悟到："人这种动物习惯了想其他人想的东西，说大家说的话，通常会随波逐流，人云亦云。"他的特立独行和正义感，由此可见一斑。读林肯·斯蒂芬斯的文字，可以读到在现实生活中被不少人遗忘的东西——责任感、正义感和社会良知。对于腐败堕落的社会现象，他没有一丝的宽容。自然，揭丑的目的是为了改良，为了更新，所以，我们可以从他的文字中读到他的期待——根除假、丑、恶，建设一个清明、廉洁的社会。

（原载《海南日报》2000年6月14日）

麦克·哈特的意义

——读麦克·哈特《影响人类历史进程的100名人排行榜》

美国人麦克·哈特的《影响人类历史进程的100名人排行榜》1978年首次出版后，就有很大影响。如今我们在书市上看到的热卖的版本，是海南出版社根据作者1992年的修订本于1999年底翻译出版的。

由于在人类历史进程中，有影响的人物涉及的领域众多，所以，在政治、经济、科学、文学、艺术等各方面的人物，我们都可以从麦克·哈特的书中得到了解。诚如出版者所说的，他的书"对于我们认识这些历史人物，拓展历史知识，了解人类文明发展的方方面面乃至认识西方人的历史观，都是有所裨益和启发的"。

麦克·哈特着力于一种普及的工作，但是他所做的工作又不是泛泛的，他的书是有深度的。这不能不令人想到出版界面临的一些问题：以目前广大读者的阅读能力以及阅读心态来看，有深度的、较为专业化的书在书市上并不叫好，难以走向大众；而能热卖的都是一些品位不高的出版物。

出版者还得面对另一种困难，就是学者们不倾向于将他们的著作写成通俗读物。当然，这情有可原。问题在于，他们大都不在意让自己的学问走向通俗，对于通俗读物亦不抱有兴趣。于是，在我国的原创出版物中，能做到专业性与通俗性合一的作品并不多。由于学者们对通俗读物较为疏远的态度，这类读物的撰写只能由一些泛泛之辈来做，读者所能见到的大多数所谓通俗读物的水准由此可知。其实，要写出既专业又通俗的作品亦非易事。

在接触了一些引进版图书之后，我发现，国外的学者，尤其是美国学者对通俗读物的撰写却是比较热衷的。

在读着麦克·哈特的这本著作的时候，我觉得他做的是一件非常有意义的工作。这位拥有文学、法学、天文学、物理学等多个学位的作者做了一件对知识的普及工作，他的书做到了既是专业的，又是通俗的。给人深刻印象的还有麦克·哈特的文字非常生动。有时候，人们也许会质疑作者所排的座次，但却不能否认他的工作非常有趣。他的点子真妙！他的书是一本严格的书，可是，在阅读的时候，我们又觉得他在与我们做游戏。我感觉到我们面对的并不是一个正襟危坐的学者，而是一位文采飞扬的故事家。

如果要给麦克·哈特定位的话，他应该是一位有意于让自己的学问走向大众，将专业寓于通俗，将严肃寓于生动的作家。

这也是麦克·哈特的意义。

（原载《海南日报》2001 年 5 月 27 日）

灵魂需要爱

——读托马斯·摩尔《心灵书》

大概在经历了 20 世纪的两次世界大战之后，人类在精神上就背负更大的包袱了。然而，给人们精神上带来磨难的仅仅是战争吗？科学技术的高速发展和数字化时代日新月异的社会变化，以及天天必须应对的所谓的"竞争"等等，都不同程度地给人们的心灵蒙上阴影。据说，现在生活在城市里的人，已经很少有真正意义上的"健康"了，绝大多数的人都处于"亚健康"状态。

托马斯·摩尔就是有感于"我们这个时代存在的最大问题就是训示太多，教育太少，忽视了灵魂的存在"而编写《心灵书》的，这是一本关爱灵魂的书。

这里的托马斯·摩尔 (Thomas Moore) 并不是那位撰写《乌托邦》的英国人文主义者托马斯·摩尔 (Thomas More)。前者是当代西方著名的精神分析类畅销书作家，曾以"灵魂三部曲"——《关注灵魂》《灵魂的伙伴》《日常生活的重新魔法化》——著称于世。《心灵书》是作者将他的"三部曲"中涉及古今圣贤的语录汇集而成的。

记得在 1985 年，巴金在接受巴黎图书沙龙访问时，曾说过"文学可以给人以力量"。作为精神分析的专家，摩尔也是深谙此道的。当然，能给人以力量的不仅仅是文学，还有音乐、绘画、哲学、心理学等等。这一点，读他的书就可以明白了。在这本书里，记录了多少古今中外圣贤们关于心灵的话语啊！

虽然这是一本选编的书，但是，作者所选编的文字却很能体现他的匠心。他所选编的文字时而涉及灵魂、宗教、魔法，时而又涉及生活的技巧、住宅的艺术和亲密关系等等。托马斯·摩尔不改心理教育大家的本色，对于读者怎样阅读此书，他都考虑到了。他在序言中向读者建议，阅读此书时，既可以一次性地通读全书，又可以有选择地阅读其中的篇章。总之，他所期望的是这本书能够让读者得到心灵上的感悟。

对我而言，我觉得这是一本可品味之书。平时，打开书本，细细地品读几段，总觉得意犹未尽。的确，我们的灵魂需要爱，我们在这些文字之中接受了关于心灵的爱的教育。

由此看来，托马斯·摩尔的工作无疑是极有意义的。我想起奥地利诗人里尔克的诗："此刻有谁在世上某处走，无缘无故在世上走，走向我。"此刻，走向我们的是托马斯·摩尔。

（原载《海南日报》2001 年 9 月 2 日）

体验耶鲁

——读叶舒宪《耶鲁笔记》

在我的阅读经历中,最早打动我的有关"名校"的书,当数吴咏慧的《哈佛琐记》和金耀基的《欧游语丝——从剑桥到海德堡》了。两位先生的作品虽然风格各异,但是名校的精神以及很能体现学者的"游思"的情怀,的确让人掩卷难忘。学者走天下,纯粹地记录一些故事和琐事是不足以打动人的。我们需要读到的是那种"与亚里士多德同在"(哈佛大学校训)的精神以及其他有意义的东西。

读叶舒宪教授的《耶鲁笔记》,除了让人感受到常春藤名校的精神外,它令人难忘之处还在于他的行迹所至,始终省视"文化身份"问题。不难发现,他是带着问题走进这所著名学府的。

著名考古学家张光直先生曾言:"讲中国学问没有中国训练讲不深入,但没有世界眼光也如坐井观天,永远讲不开敞,也就讲不彻底。"作为文化人类学学者,叶舒宪在他的学术活动中历来注重"世界眼光"与"中国学问"的两种旅行——这体现在他的《高唐神女与维纳斯》《〈诗经〉的文化阐释》《〈老子〉的文化解读》等著作中。所以,不难理解在《耶鲁笔记》中他始终围绕着的是"跨文化生存与跨文化理解"的主题——也许是有感于经济全球化和知识全球化时代人文知识分子无法回避这个难题,于是,在这些关于耶鲁的文字中,不论是对人(如布鲁姆、龙应台等)的记忆，对物的感思还是对典籍的剖析，都体现了他着力去"理解"和"打通"的意图。

作者说，他"想按照人类学的田野作业方式把自己在这所异国学校的千禧年见闻和教学心得笔录下来"。缘于这种"田野作业"的方式，书中叙及他在耶鲁大学博士班讲学的那段经历尤为有趣。这些令人惊诧而又很能体现文化差异的趣事记录在《"孔子喝酸辣汤吗？"》《英语语境中的"蛮族"》《文化的沟通及心理障碍》《美国学生看〈列女传〉》等篇章中。可以想见，当一位老师突然被问到"孔子喝酸辣汤吗？"这样的问题，得知美国学生将我们的"列女"视为愚不可及的怪物以及他们将《昭明文选》中的凄婉之作视为乱用其情的"造假"时的诧异神情。这些都是文化差异带来的相互碰撞时的文化震撼（cultural shock）。在作者看来，在经历了文化震撼后，探究不同民族在不同时空中的生存状态和所尊奉的价值体系问题才是最重要的。

本书的视野不仅仅限于耶鲁，而且它还记录了作者在美国其他学府的游历、对一些人文景观的感悟以及他的读书心得。"两种旅行"的足迹所至之处，作者以他渊博的知识，使他笔下的物、事在古与今、中与西、原始与现代、古籍与今典中"还原"了。他所提示给读者的是现象，更是对各种跨文化现象的有穿透力的洞见。

（原载《中国文化报》2002年8月28日）

这些"永恒不朽的语言形式"

——读威廉·戈登《作家箴言录》

　　记录作家的内心世界的文字永远值得关注，因为真正的作家都是很有个性的人。而他们的一些简短凝练的文字，往往最能体现他们的性格。若干年前，巴黎读图沙龙曾以"世界100位作家谈写作"为题，对世界100位著名作家进行了"调查"。他们或诙谐，或机智，或严肃的答卷给人留下了深刻的印象——虽是话语寥寥，却已足以显示其分量了。

　　显然，对这类图书的再阅读是必要的。

　　打开《作家箴言录》，首先读到的是王尔德的妙语："当今，每一个伟人都有他自己的信徒，但为他写传记的总是犹大。"我想，这句话的分量不是那些洋洋万语的评论家们的长篇大论可以比拟的，王尔德对传记的看法可谓鞭辟入里。这句箴言还促使我思考我所读过的传记——在以前的阅读生活中，我读了多少"犹大"的文字啊！史蒂文·施拉格斯对出版的看法很独特，也耐人寻味："关于书的出版有个神话，那就是这是一种高尚的职业，是一种荣耀和杰出的事业。事实上，它只是娱乐业的一部分。"弗兰克·耶比的箴言让人想到一个关于罗丹的故事——"一部真正的伟大的小说是用刀写出来的，而不是用笔写出来的。小说家必须有刚毅的心去砍掉那些完美，但是对整个故事又没有帮助的部分。"跟罗丹一样，弗兰克·耶比认为整体永远比部分更重要。当年，罗丹就是非常愤怒地毁掉了被别人称为完美的那个"部分"。

这本书跟作家们的生活可谓接近，它选录的箴言涉及文学、出版、审查制度、编辑、读者……虽然他们对文学，对相同事物或其他现象的看法有所不同，甚至迥异，但是我们总是能够从这些完美的引语中看到闪烁的火花。毕竟，这是来自亚里士多德、马克·吐温、海明威等人的智慧啊！

约翰·布雷恩曾言："如果一本书不能被大声朗诵出来的话，它就不是一本好书。"《作家箴言录》是一本可以大声地朗诵出来的书，因为它的精炼，因为它的隽永，更因为它的智慧……

尼采是对箴言情有独钟的人。他曾说过："格言和警句是永恒不朽的语言形式，在这方面，我有幸成了德国人中的第一高手；我的志向是用十句话讲出其他任何人在一本书中之所讲——讲出其他任何人在一本书中之所未讲。"就我所知，在很多人的读书生活中，这些"永恒不朽的语言形式"曾经对他们产生过深远的影响。有时候，一句话对人的影响比一本书对人的影响还要大，甚至可以影响到一个人的一生。以前对箴言的阅读使我们知道了鲁迅的"横眉冷对千夫指，俯首甘为孺子牛"；而"人不能有傲气，但不能没有傲骨"则伴着徐悲鸿走过他的一生；像培根的"知识就是力量"这样的箴言，不知道曾激励过多少人！

这样看来，这些"永恒不朽的语言形式"是极有魅力、极有力量的，我们何妨在这些话语中徜徉踯躅呢？

（原载《中国书报刊博览》2002 年 9 月 14 日）

调情是一种生活态度

——读布里吉特·布森克普夫《调情的艺术》

在日常生活中,我们常常听到这句耳熟能详的话:人不是因为美丽而可爱,而是因为可爱而美丽。这说明,人只要具备起码的标准,同时又有一些能让别人觉得"可爱"的品质上的优点,也就颇有魅力了。早在1716年,康德就告诉人们:"一切事情的中等标准似乎就是基本标准,是美的基础,但并不是一直都是美本身,因为还需要一些个性化的东西。"如果把他的观点的"一切事情"特指"人"的话,那么我们就可以知道:长相对于人来说并不是最重要的,关键是在长相之外人所具有的特质。想想那些纵横影坛的丑星们,我们似乎能够明白这个道理。

诚然,要学会调情,就要具备迷人的品质;而要培养迷人的品质,态度尤为重要。《调情的艺术》的作者既理直气壮又循循善诱地告诉我们:"人是否漂亮并不重要,重要的是要自认为长得漂亮。"

最初,当我得知这是一本由德国人写的书时,我以为它一定是一本乏味的读物。心想:本应是由浪漫的法国人来做的工作,却由一向理性、机械的德国人来做。然而,打开此书,我发现以德国人在足球场上的表现来理解这本书是错误的。本书作者布里吉特·布森克普夫不仅是调情的行家里手,而且他本人还就此开设了收效不错的培训班。本书是他深谙此道的证明。他在书中为我们提供的关于调情的案例,就是来自他的课堂的活生生的例子。这,当然是他能够将这本书写得趣味盎然的原因。

调情自然摆脱不了谈情说性。不过,从这本书记录的内容看,我们知道:作者是以生活的态度来对待这个话题的。虽然书中不乏"肢体语言""性接触""桃色事件"之类的话题,但是作者所表达的意思是爱——懂得爱、释放爱、赢得爱。更主要的是,他告诉我们,调情是一种交流方式,是人类交际的艺术。可以想象,那些常常恐惧不安、信心不足、腼腆害羞的人,不可能是一个调情的高手;相反,那些懂得调情的人,肯定是自信而又富有个人魅力和善于交际的。

要学会调情并不是一件容易的事情。布森克普夫的这本书告诉我们,他的调情课涉及的内容太多了,如身材、服装、微笑、语言、眼神、走路的姿势……这同时也说明了作者所探讨的内容之精细以及他所涉猎的范围之广。他的拳拳之语总让人想到"时尚""风韵"这样的词语,是不是可以说:作者告诉我们如何调情,同时也在告诉我们如何走向时尚。

《调情的艺术》并不是一般意义上的说情和一些案例的陈列,从某种意义上讲,它还是一本心理学方面的著作。它从心理学的角度出发,对调情的话题、案例进行了阐述和探讨。全书趣味盎然,又不流于浅薄。作者所说的都与我们的生活息息相关。《调情的艺术》告诉我们:调情,其实是一种生活态度。

(原载《南方都市报》2002年12月1日)

那些屋子,那些灯火

——读凯罗儿·特金顿《成功女性箴言录》

如今,有关"名人名言"或者"箴言""警句"之类的图书可谓是汗牛充栋。可是,专门收集关于女性名言的相关读物并不多见。这种情况,国内如此,国外亦然。所以,我们不难理解《成功女性箴言录》的选编者凯罗儿·特金顿的愤愤不平的心情,她说:"我们时常看到,大量的引述曾过多地聚焦于男性身上。……女性的智慧由于显得不够深刻而经常被忽视。"

真的如此吗?显然,"大量的引述曾过多地聚焦于男性身上"是事实(这一点,回想我们当学生时写的作文就可以明白)。但是,凯罗儿·特金顿是不能苟同女性的智慧"不够深刻"这一点的。正因为如此,这本能够展示女性的"智慧"与"深刻"的读物在她的努力之下摆到读者的案头了。

"平实"是这些女性话语的一个特点。平实显然不华美、绮丽,但是往往深刻。海伦娜·鲁宾斯坦的名言可以让人感受到这一点:"没有丑陋的女人,只有懒惰的女人。"玛格丽特·撒切尔在成为英国首相的第四天后说的关于"家务"的话就是:"任何一个懂得如何经营家庭的女性离懂得如何经营一个国家不远了。"一句话,让人感到这位在政坛上雷厉风行的"铁娘子"的亲切和魅力。

"美比辛酸更会让心灵破碎。"(萨拉·苔丝黛尔语)——或许是由于女人的天性吧,对于"美"的看法,这些女性的观点显得既感性、深刻，又蕴含着智慧。又比如德·丝黛尔夫人在给卢梭的信中说的这句话："被掠夺了美丽时光的女人听到那没有眼泪的歌声，而这歌声是她的爱人曾经唱给她的。"既感伤，又美丽，令人过目难忘。帕梅拉·翰斯弗德·约翰逊说："对美的沉思中最深的运动要素就是错过。我们渴望拥有，但是落日融入了黑夜。墙上绘画的奥秘永远不会成为购买者的奥秘。"——只有对生命和美有深刻感悟的人，才能说出情思如此隽永的话语。

凯罗儿·特金顿视野很广，她为自己选编的这本书安排了门类繁多的选项。这样，人们就可以从多个侧面品读这些成功女性的世界了。同时，她所选编的内容又能做到少而精，读起来朗朗上口（有人说过，一本书不能做到朗朗上口，那就不是一本好书）。这种颇具匠心的态度和摆在我们面前的这部女性读本仿佛在告诉我们：其实，女性并不比男性缺少什么，读罢这本书就知道了。这里记录了她们的智慧、幽默、调侃（当然都不乏深刻），还有出自女性的刚毅和坚韧。

收在本书中的英国著名小说家维吉尼亚·伍尔夫关于"文学作品"的箴言极为精彩："文学作品就像蜘蛛的网，也许非常些微地附着，但仍然将生命附着在四个墙角上。"伍尔夫是一位很有魅力的女性，她的《一间自己的屋子》就是一部能让人洞见女性思想，同时又是一部闪烁着女性智慧的名作。读着这部收集了众多著名女性言谈的《成功女性箴言录》，仿佛让人看到了属于她们的那一间间"独立"的屋子，那些屋子里熠熠闪光的灯火就是来自这些女性的智慧和深刻。

当然，还有其他！

（原载《中国书报刊博览》2003 年 3 月 22 日）

卧虎藏龙的江湖

——读大卫·波德威尔《香港电影的秘密》

在学校读书的时候，香港电影对我们有很大的诱惑力。当时，我们往往在进行了一场篮球比赛之后，裹着一身臭汗，就匆匆忙忙地赶往学校附近的露天电影场了。这些电影看得多了，就记不得具体的片名，那些由"龙"和"虎"组成的名字，总是令人记忆混淆。有时，在我们焦急地赶往电影场坐定，等影片放映之后，才恍然省悟：这部片子我们已经看过两三遍了。

想来，香港电影的世界，真是一个卧虎藏龙的江湖。那些年，我们迷恋这个江湖。

迷恋这个江湖的当然并不仅仅是我们。当时，我所生活的城市有很多外来人口，每到晚上，他们中的一部分人也会像我们一样，是在香港电影中"娱情"的。我明白了，香港电影拥有"大众"。

于是，我们不能不放眼香港——这个 600 万人居住的城市，在过去的二三十年里，铸造了一个电影史上的成功故事。它的规模，它的制作量，足以使它成为仅次于美国的第二大电影王国。记得有一年，足球巨星罗纳尔多到香港踢球，特意拜会了他的偶像刘德华。这件事很能说明香港电影在世界产生的影响——那些像童年时代的罗纳尔多那样生活在贫困中的巴西孩子们，也在迷恋着这个江湖。可见香港电影已经渗透到这个世界的许多角落。

香港电影的成就，自然与这个电影王国的经营者的努力是分不开的。现在，只要说起香港电影，我们就能随便地说出一串卓越的电影人的名字和很多优秀的代表作品。大名鼎鼎的邵逸夫就不无骄傲地说："你知道吗？我已厌倦了别人老是问：阁下是否要挑战好莱坞？我真的觉得，我们有自己的一套，跟好莱坞不一样，但却不比好莱坞差。"

香港的电影既然有如此的诱惑力，那么，它的秘密又在哪里呢？《香港电影的秘密》就是一部全方位透视香港电影之作。作者大卫·波德威尔是当今一流的电影学者，其深厚的学养和长期在"江湖"出没的经历（包括与一些著名的香港电影人面对面的接触），使他的这部作品成为研究香港电影当之无愧的杰作。

这本书给我的印象是：虽然作者在评述香港电影时倾向于它的个体（李小龙、成龙、徐克、胡金铨、王家卫、王晶等等）现象，但是，作者有意让我们明白，作为个体的他们和香港电影的总体毕竟是融合的。所以，全书给读者展示的，就不仅仅是一个人或几个人的事，而且是几代电影人的事和几个阶段的电影发展的历程。

当然，如果只是就电影而谈电影，就会使一部著作流于肤浅。大卫·波德威尔的这部力作并不如此，它之所以显得有分量，是因为它将香港电影置于世界电影的潮流之中（比如与好莱坞电影之关系）进行比较研究，让我们在他提供的视野中了解香港电影在世界的位置。同时，由于作者的电影学者身份，他对香港导演在处理影片时所用的技巧有独到的了解和深刻的见地，哪怕是一个小小的细节，他都着力于让我们明白"为什么如此"。结合影片，他给我们提供的是专家视角的提示与启发。

以前看香港电影，只求它的"过瘾"。殊不知，仅凭一时的感觉是不能深入地了解它们的。《香港电影的秘密》为我们提供了另外的视角，也许在读过这本书之后，我们会更加喜欢浪迹在这个卧虎藏龙的江湖。

（原载《中国文化报》2003 年 4 月 24 日）

黑暗而明亮的前路

——读比尔·艾文《山径之旅》

此处所说的"山径",是阿巴拉契亚山径。它从美国佐治亚州的斯普林格山到缅因州北部的卡塔丁山,是世界上最长而且连续的健行山径,全长 2168 英里,合 3469 千米。

而徒步走完这条漫长山径的,是盲人比尔·艾文,亦即本书作者,他是第一位走完阿巴拉契亚山径的盲人。

如果了解比尔·艾文的生活经历,你不难觉察他立志走完这条山径的初衷。这位后天性盲人在生活中充满了失意和落寞。他离过四次婚,严重酗酒,28 岁面对失明的威胁……然而,这位眼盲心不盲的人在经历了一连串的生活挫折后选择了重新生活。他立志改变颓废和潦倒的生活境遇,最后,他在导盲犬欧瑞安的帮助下走完了这条山径。

对于旅行者来说,阿巴拉契亚山径的高山与低谷所展现的大自然的壮丽与奇秀是最为诱人的。可是,作为一个盲人,比尔·艾文是如何"看"这个美丽的世界的呢?他说:"每当我希望能看见其他山友向我所描述的景致颜色时,我就学习海伦·凯勒去用心体会大自然的神奇和美丽。"所以,"你们是用眼睛看,所见的是人所创造的世界;而我却用心看,所见的是上帝所创造的世界"。

比尔·艾文也是用心写这本书的。在这里,对以往生活的追忆、感悟与对大自然的心灵感应融为一体,宁静与平凡的叙述使得它的境界悠远而隽永。

细细品味一位盲人的"山径之旅"展现给我们的对体力、对意志力、对心灵的挑战,让我们不能否认从他的书中读到了力量。

(原载《中国图书商报》2003 年 5 月 16 日)

关于书架的文化史

——读亨利·彼得洛斯基《书架的故事》

美国人爱德华·伯奈斯是一位公关大师。据说在20世纪30年代,他所推销的旋转、镶嵌式的书架深受建筑师、承包商和室内装饰家们的喜爱,他因此而享有"使书成为文明的重要象征"的美誉。也许出于职业的原因,爱德华·伯奈斯更多的是从"营销"的角度推销他的产品——书架的。现在,读者遇上了一位从文化的角度向我们"推销"书架的人,他就是"科技的桂冠诗人"亨利·彼得洛斯基。当然,还有他的书——《书架的故事》。

"有书架的地方就会有书。"——自然,这里记录的不仅仅是书架的历史,而且它还是书的历史以及文化的演进史。

彼得洛斯基告诉我们:书的故事就是书如何从卷轴进化为手抄书,继而又进化到印刷书的故事。也许在书架与书进化的过程中,"链拴的书"(古时候的图书馆以链锁书)是较为典型的。作者告诉读者,他之所以关注"链拴的书",并不仅仅是因为其本身有趣,而且更重要的是"它解释了一种产品进化过程中,技术怎样根植于文化并形成我们文化的工具"。读罢作者提供的关于"链拴的书"的文字,你会惊叹于作者的涉猎之广,同时,也会感觉到关于书架的故事的魅力——想想,在古代的西斯纳图书馆、马拉泰斯它图书馆、1600年的剑桥三一学院图书馆前流连的情形——你会不由自主地感受到它们在文化积淀方面的隽永和深厚。

"链拴的书"毕竟只是书架的故事的一个阶段。作者的叙述是随着书架的历史变化而推进的,在"链拴的书"之后,我们就可以读到书柜、书房以及后来颇有规模的图书馆的往事了。如果仅仅就书架而写书架,那就索然无味了。在《书架的故事》中,除了可以感觉到作者所极力营造的那种历史的味道之外,我们还可以从"工程学"的角度读到书架的故事。毕竟,书架和它们的"住所"是有着密切联系的。所以,从藏书楼的建筑结构、可置书架的修道院回廊的形式到"靠墙的书架"的特点(当然,还有关于书架设计的一些小小的细节所体现出来的设计者的"匠心"),我们都可以从这本书中领略到,同时我们也会明白,它们"为什么如此"。

书架的故事既然有如此久远的历史,自然就会有很多有意思的细节。当年的那些读者们,还曾经历"大轮转书架"——想象着他们坐在一座像水车一样的书架前看书的情景,自然不乏趣味。读着这本书时,我还会细细品味这句话:"书很稀少,诚实也如此。"现在,书很多了,可是诚实多吗?

在书的最后,作者才写到相对于现代人而言最为实用的一章——"书的管理"。其中所涉及的书架的设计方法、书的收藏方法、分类方法等等,应该是每一个藏书者不可不读的。

这位"博学、机智、擅于深入浅出"的土木工程学及历史学的教授,让我们在浓厚的文化氛围中,做了一次关于书和书架的趣味盎然的旅行。

(原载《光明日报》2003 年 6 月 12 日)

性感：在文化的"闲庭"中信步

——读江晓原《性感：一种文化解释》

"性感"，这是我们在日常生活中用得很多的词之一。如今，信息四通八达，在媒体的天空中频繁闪烁的那些帅哥和美女们，常常令人们觉得——性感，那应该是一种欲望的表达吧！总之，性感无处不在。也许是因为人们对性感太熟悉了，所以很少去探究它背后的意义。有一位大学者曾经说过："学习中最大的障碍不是未知的东西，而是已知的东西。"性感，是不是由于我们平时说得太多，道得太频繁了，所以它的意义（当然包括文化上的）也被我们忽视了？

现在，我们遇上了一个要从文化的角度洞察性感的人，他就是江晓原教授。说到文化上的解释，往往会让人有很沉重的感觉。这当然是由于我们以往"文化"方面的读物写得太过于严肃。所不同的是，作者有意要把性感写成一本有意思的书。是啊，如果把这么一个轻松的话题写得沉甸甸的，那就不是性感的了；当然，只是一味地强调轻松而没有一定底蕴的话，那也是说不上性感的。所以，要把一本书写得有趣，又要让它有文化含量并非易事。在我的阅读经历中，能将"有趣"和"有内涵"融合得很好的作品，美国人麦克·哈特的《影响人类历史进程的100名人排行榜》应该算是一本吧。这些年来，我们能常常见到那些非专家视野的出版物——它们既缺乏专业知识，内容空洞，又行文乏味，读起来味同嚼蜡。

出于对性感所做的长期研究，还有平时从文化角度的多方省视，应该说，江晓原教授的这本著作是能给人以深刻印象的。它除了将性感写得趣味盎然之外，还给我们提供了文化上的视野。作者说，"每个人都可以有自己心目中的流行文化和性感"。这样的话，从《性感：一种文化解释》看来，江晓原教授的性感观就是有趣的、文化的。

何为性感？在公众的视野里，它已经超出了人的身体的范畴了。比如性感手机、性感足球之说，不能不让人感慨大众引申概念的超强能力。在《性感：一种文化解释》一书中，除了能够在这些"知识面"上给我们提供有关性感的知识之外，江晓原主要是从"商业与风化""出版物中的性""色情文艺""性感的药物""性爱与革命"等方面去解释性感的。因此，不论是有关性感的书、性感的杂志，还是性感的风化、性感的科学，由于作者的生花妙笔，都让我们感受到了一种"有意味"的文化上的意义。这样的阅读经历，使我们仿佛走进一座关于性感的庭院，在那里悠闲地散步，边走边看。作者的视野开阔，立足点佳，点切到位。在这本书娓娓道来的文字中，我们经历了那些关于性感的社会、文学、医学等方面的有趣的话题，不能不说这是很有意思的阅读经历——这种感觉是休闲的、随意的，然而又是不无意义的。如果能把从阅读中得到的有意思的感觉引申为性感的话，那么，这本书可以说是性感之书了——因为它的"好玩"——正如作者所期待的一样。

我觉得在当今的出版物中，一本书如果做到了既专业，又通俗而有趣，它是难能可贵的，因为这样的作品并不多见。毋庸置疑，《性感：一种文化解释》做到了这一点。不过，通读全书，最令人难忘的还是作者对于性感的态度——自然。性感是一种欲望的表达，但是，这本书所提倡的是：让我们享受健康、坦荡、明快的性。

（原载《新书报》2003 年 11 月 7 日）

解密"伟大的编码"

——读叶舒宪《〈圣经〉比喻》

《圣经》是"书中之书",它对世界——尤其是对西方文明——所产生的影响是不言而喻的。不了解《圣经》,不要说不能了解西方,甚至都不能真正读懂像《复活》《神曲》《失乐园》等众多文学名著。然而,《圣经》在语言上又是奥秘的,它自始至终所使用的比喻和象征往往使人们在阅读时产生隔膜。著名的文学批评家弗莱把《圣经》称为"伟大的编码",所以,要了解这部巨著,就要首先解开这些编码的秘密。无疑地,这得从了解它的比喻意义开始。

如今,关于《圣经》的各类读本可谓多矣。可是,专门从比喻的角度出发,系统地解读这部作品的读物在《圣经比喻》之前却还没有出现过,然而从这个角度去理解《圣经》又是非常必要的。作为读者,我们也渴望读到高水平的知识普及本。

叶舒宪教授是卓有成就的人文学者,潜心研究《圣经》已有多年。由于对这部作品了解得"通透"以及"传道、授业、解惑"的职业关系,他能够从"接受"的角度去考虑读者的阅读感受。这一点,不仅表现在本书的着眼点上(即从比喻的角度去"打通"它),而且体现在作者对书中各个比喻的解读上。

《圣经》既然是对西方世界产生重大影响并且是给西方后世文化"奠定了基本的想象构思和文学表达的原型基础"的文本,

要"解密"它的比喻编码并不是简单的事；缘于多年对文学人类学的研究积累以及跨文化的研究视野，叶舒宪教授的这部著作在中西文化的圆融与贯通之中走向读者。比如，作者在解读"方舟"这个比喻时，行文涉及的洪水神话就有多种——包括我国的鲧与禹治水的神话——在多种不同文化的比较之中解开"方舟"在《圣经》中的比喻意义。这部著作中对其他比喻编码的解密均是如此——它做到了既"通"且"透"，能让人在浓厚的文化解读中理解《圣经》比喻的精髓。

可以说，《圣经比喻》是一部人类学、神话学以及中西方文学视野中的关于《圣经》的解读之作，是一部极好的关于《圣经》知识的普及本。它的"到位"之处在于：它既是学术的，又是通俗的。

随着对这些"伟大的编码"的逐个解密，我们开始由里到外地理解《圣经》。

（原载《中国文化报》2003 年 11 月 20 日）

人生哲思来自飞行中的游吟诗人

——读圣埃克苏佩里《要塞》

沙漠、太阳、水和风,似乎是圣埃克苏佩里的作品中时常出现的背景。这自然与他的飞行员经历有关,这位伟大的飞行员作家,在他壮美的一生中,无数次在他所迷恋的天空中围绕着沙漠、太阳、水和风探索宇宙,追寻人生的哲理。在我看来,他与这些物象是完全融为一体的,哪怕是他的死——1944年7月31日,圣埃克苏佩里执行飞行任务,从此神秘地,也"完美"地与它们结合在一起了。

至今,圣埃克苏佩里的死还是一个谜。他留下了他最为看重,生前用力最勤却永远也完成不了的——《要塞》。

《要塞》的背景又是作者所钟情的沙漠。沙漠,似乎是最能让人产生哲思与遐想的地方,而住在沙漠里的要塞中的人们在面对着与他们的生活息息相关的营房、城池、空帐篷、三角营地时,能不产生种种联想?当然,对这一切感受最深的还是那里的统治者——在《要塞》中,沙漠里的柏柏尔族的国王,在面对着他的土地,他的臣民,他的战士时,他产生了对文明、人生和社会的沉思与遐想;书中更重要的是他的回忆,回忆他的父亲生前语重心长的叮咛、教诲和对他讲述的人生真理。《要塞》中所蕴含的真理,就在国王的思考和他的父亲对他的叮咛中走向我们。

自然,圣埃克苏佩里才是这些真理的真正宣扬者。在这里,我们所看到的作者已经不是我们所惯常看到的作家、飞行员了，他更像是一位边走边唱的游吟诗人。这位诗人有着丰富的人生经历和对这些经历的深切感悟，对生命有着厚重而又有诗意的哲学思考。

这位游吟诗人向我们"唱"了些什么故事呢？从大处讲，他宣扬了对社会、人生、价值的看法和态度；从小处讲，他给我们说的是平平常常、实实在在的生活哲理。有时候，我觉得《要塞》是一本格调很高的励志书，它照样折射着圣埃克苏佩里的作品的主题：人的伟大在于人的精神。

在一段时间里，我反反复复地回忆起我经历过的事，也反反复复地想象着我将要面对的事。在心绪有些淡然的日子里，自然要寻找一些文字的抚慰，这时，我读到了《要塞》。《要塞》告诉我们：时间不是消耗我们，而是完成我们；不遗憾过去，不梦想将来，注视现在；奉献自己去完成就是祈祷；拒绝遗憾，接受现实的存在；孤独的祈祷祈祷孤独结束……它是平实的，然而又平实得那么有意味，那么隽永。我很钟情于作者为这本书所安排的背景，他让我们在阅读中走进沙漠，面对着要塞、星星和岩石思考问题；我更喜欢书中所营造的那种意境，它厚重、深沉而又不失优美。

有论者把《要塞》与尼采的《查拉图斯特拉如是说》、纪德的《人间粮食》列为三部重要的哲学小说，并且说："尼采与纪德设计了一种道德，用激扬优美的文章宣扬，唯有圣埃克苏佩里在危险与充实的人生中身体力行。"如果结合作者"危险与充实"的生平行迹，再读一读这部意蕴丰富的作品，就可以体会到圣埃克苏佩里——这位游吟诗人——所宣扬的"精神"在人的生活中的意义。

（原载《光明日报》2004 年 1 月 29 日）

罗兹·墨菲和他的"季风亚洲"

——读罗兹·墨菲《亚洲史》

众所周知，亚洲现存的文明传统是世界上最古老的。

站在西方历史学家的立场上，美国学者罗兹·墨菲认为："如果我们想在亚洲起着日益重要作用的当代世界上扮演全球角色而又不愿对亚洲文化和文明有所了解，那我们就会招致可能的灾难。"这应该不是墨菲有意对美国人的危言耸听。作为一位长期关注亚洲以及中国历史的学者，他对亚洲的考察和研究已经超过40年了。在这几十年里，他看到了自20世纪70年代以来亚洲对外贸易量的不断增大，看到了亚洲几个国家的全球最高经济增长率，也看到了有些亚洲国家已经成为世界事务中的主要强国。因此，在身为大学教授的墨菲看来，把他所知道的有关亚洲的信息传达出去，是当务之急。

如果像墨菲站在美国学者立场上所说的不了解亚洲文化和文明会给他们招致"灾难"的话，那么，我们——作为亚洲人——对亚洲的历史不了解会招致什么呢？也许是更深的灾难。因为我们常常看到歪曲历史的现象以及不负责任的言论，比如，日本的一些政客对历史的否认以及对"传统"的"解释"。这会不会招致灾难？！

至少，身为亚洲人的我们，极有必要了解自己的过去。

可事实上，我们对亚洲历史的关注远远不够。就以图书出版为例，各种版本的《欧洲史》在图书市场上随处可见，可是专门的《亚洲史》在本书之前却还没出现过。我们对亚洲历史的忽略不是没有原因的，在一些人看来，欧洲代表着人类的文明，它的科技成就和文明成果，才是值得关注的。这种看法当然是极不合理的。当然，这并不等于否认出版界所做的工作。在有关亚洲历史的图书中，有过《剑桥东南亚史》，还有著名学者陈序经先生的《东南亚古史研究合集》等等。然而，太专业的学术著作，是很难走向更多读者的。而出版的一大意义，就是让相关的有意义的知识走向更多的读者，让知识"普及"。从普及亚洲历史的角度讲，罗兹·墨菲的《亚洲史》无疑是很值得推荐的。

这本《亚洲史》叙述了从史前直到21世纪的亚洲历史。作者所关注的是从地理的概念上被称为"季风亚洲"的地区——中国、印度、东南亚、日本、朝鲜。因为相比于中亚的干旱而言，这个地区相对温暖、潮湿，它还拥有大片平原、河谷及三角洲的土地。在此基础上发展起来的独特文化，当然就是以其高效率的农业为基础的。作者说："亚洲文明就是在以手工为主的劳动集约型耕种，加上适宜的灌溉体系所生产的剩余农产品基础上发展起来的。"这也是作者在对亚洲历史进行研究时将视角放在"季风亚洲"的原因。

《亚洲史》诚然是亚洲历史的缩影，当然，作者以历史学家的笔触，也在展望着亚洲的未来。

（原载《中国书报刊博览》2004年12月11日）

将探险进行到底

——读约·彼·马吉多维奇《世界探险史》

2000多年前,罗马的统治者恺撒大帝曾经说过:"我来,我看见,我征服。"这样的豪言壮语未免会让人感到愕然,总觉得只有征服者才有这样的狂傲之气。其实,恺撒只不过是人类的一个影子。人类本来就是一个喜欢征服的族类——它的历程就是不断地寻找、发现和征服的过程,也是探险的过程。

那么,人类的探险活动是从什么时候开始的呢?可以说,探险活动是伴随着人类的诞生而产生的。最早的人们,当他们出于对食物的需求和生存的逼迫而跋山涉水的时候,就已经开始探险的征程了。人们就是在探险的过程中不断地发现、认识和改变着世界的。现在的材料已经能够令人信服地证明,非洲是人类的共同发源地。可以做这样的假设:如果没有探险活动,人类的生活环境是不是还局限于非洲呢?

因为探险活动对人类历史的重要性,所以有人说,人类的历史就是一部探险史和开拓史。

我们有必要去了解人类探险和发现的历程。

苏联著名历史地理学家约·彼·马吉多维奇的《世界探险史》记录了人类历史上横跨2000多年的200多次重大的探险活动,包括古代、中世纪、地理大发现时期以及新时期等各个历史阶段的探险活动和地理发现。这是一部内容系统、规模宏大、在历史地理学领域具有很大影响的著作。

探险家是如何改变地图的面貌,从而认识世界的呢?马吉多维奇在他的著作中给读者做了详细的解答。通过《世界探险史》,读者知道了各大洲、各大洋被探索和发现的过程;也知道了人们耳熟能详的探险家——张骞、玄奘、马可·波罗、哥伦布、达·伽马、麦哲伦、白令、库克、阿蒙森、塔斯曼等人的探险经历。从为读者提供探险史实的角度上讲,《世界探险史》的视野无疑是宽阔的,因为它的内容丰富而翔实。而在笔者看来,罗列史实以及为读者提供相关地理知识并不是作者传递给读者的唯一信息,更重要的是他在这本书中弘扬了探险精神。从某种角度上讲,对探险精神的领悟比了解一般的地理知识重要得多。

有一种说法:没有探险精神的民族是没有希望的民族。确实,在探险者身上,凝聚着太多的优秀品质,比如好奇、勇敢、刚毅,比如不安于平凡的雄心壮志和征服未知世界的欲望……毫无疑问,探险家对人类历史进程的贡献是巨大的:他们认识了世界,也让人们认识了世界;他们的活动改变了世界,也促使人类不断地改变着世界。

作为中国读者,我在读马吉多维奇的《世界探险史》的时候,自然会关注作者笔触所及的中国探险家的部分。没错,他从张骞写起,对这位伟大的探险家极尽褒奖之辞;他对东汉僧人法显和唐朝的朝圣旅行家玄奘的探险活动也有很高的评价。但是,作者对此后中国人的探险活动就很少涉及,连郑和下西洋这么大规模的探险活动都没有在这本书中留有记录,更不用说徐霞客了。这未免让人感到遗憾。不过,笔者认为,在读这本书的时候,读者更应该思考的不是作者的失误,而应是这样的问题:在西方世界进行大规模的"地理大发现"的时候,中国人在做些什么?1492

年，当哥伦布发现新大陆时，郑和的航队已经停航近60年了；在郑和之后，中国的船队就再也没有出航过。在世界浩浩荡荡地进行着探险和发现"新世界"时，我们却以"中国"自居，闭关锁国了，接下来的历史是众所周知的。可以得出这样的结论：当一个民族没有了探险精神的时候，就意味着它衰落了。

人类的探险活动是不会停止的。马吉多维奇的《世界探险史》成书于20世纪50年代末，自然不会涉及此后的地理发现成果，而就是在这近半个世纪的时间里，人类的探险与发现又有了重大的突破：加加林的太空旅行、"阿波罗"登月、欧洲探测器"智能1号"成功撞击月球……所有这一切都说明：人类应将探险进行到底。

（原载《中国教育报》2006年9月21日）

大师视野中的名著

——读刘光前主编《你应该读的书：37位文学大师推介的70部文学经典》

很早的时候，我就知道爱尔兰诗人叶芝对泰戈尔颂扬备至，而且这位印度大诗人荣膺诺贝尔文学奖，在一定程度上是得助于叶芝的推介。当时就有这样的疑问：作为文学大师的叶芝是如何评价同为文学大师的泰戈尔的作品的？而其他的文学大师们，又是如何评价不是出于自己之手的文学经典的？

想得到这样的信息的理由很简单：文学大师对文学经典的评价一定是精彩而又深刻的；同为文学圣手，他们相互之间一定更能理解一部作品在创作中经过想象、构思、写作以至最终完成的过程。毫无疑问，文学大师对文学经典理解的深度，当然不是一般读者乃至评论家们所能达到的。

翻开《你应该读的书：37位文学大师推介的70部文学经典》可以深刻地感受到这一点。

英国作家劳伦斯在谈到《白鲸》时说："麦尔维尔是个明白人。他明白他的种族在劫难逃。他的白种人灵魂在劫难逃。他的伟大的白种人时代在劫难逃。他自己在劫难逃。理想主义者在劫难逃。精神在劫难逃。"他对这部名著的评价可谓见解独到，提供给人们的是一个让人难以想象，却又让人不得不信服的阅读视角，对于读者领悟这部作品很有帮助。

罗曼·罗兰是这样看《复活》的："《复活》可说是托尔斯泰艺术上的遗嘱。《复活》给他的晚年加冕，正如《战争与和平》给他的成熟时期加冕一样。"

老舍对《神曲》的评价比对《浮士德》和《战争与和平》的评价还要高，他说："歌德的《浮士德》仿佛缺乏紧炼，托尔斯泰的《战争与和平》似乎只有人间的趣味。《神曲》里什么都有，而且什么都有组织，有理由，有因果。"

伟大而又博学的阿根廷人博尔赫斯在谈到《聊斋志异》时说："一个国家的特征在其想象中表现得最为充分。这本书页数不多，却使人依稀看到一个世界上最古老的文化，同时也看到一种与荒诞的虚构的异乎寻常的接近。"

时下，关于读书的指导性读本很多，不过，这些选本中绝大多数都只是对相关作品的罗列，谈不上有多少指导性的意义。《你应该读的书：37位文学大师推介的70部文学经典》把文学大师对文学经典的评价文字汇编成册，对读者从更深层次的角度理解文学名著极有助益。

（原载《中国书报刊博览》2006年9月30日）

扶桑国的近代嬗变

——读詹姆斯·L. 麦克莱恩《日本史》

公元753年，唐代诗人王维在送别他的日本友人晁衡（阿倍仲麻吕）回国时曾有过这样的诗句："乡树扶桑外，主人孤岛中（你的家乡的乔木远在扶桑之外，你的国家的主人居住在遥远的孤岛之中）。"那时候，被称为"扶桑国"的日本给人的感觉是遥远而又陌生的。然而，这个遥远而又陌生的国度又是善于学习的。在盛唐时代，日本派了一批又一批的遣唐使到中国进行文化交流，认真吸取中国的文化，说明这个国家在学习与借鉴方面的态度是多么的虔诚而又积极。这一页历史，完全可以为日本后来的发展以及今日成为发达国家做历史的注脚。

事实上，日本发生重大的变化是在近代。虽然它真正"走向世界"，进而让世界瞩目是在明治维新以后，但是，这个国家的巨大嬗变从1600年就已经开始了——诚如美国历史学家詹姆斯·L. 麦克莱恩在《日本史》中给读者提供的视野。这部由海南出版社引进推出的《日本史》其实是一部日本近代史。它用50万字的篇幅，叙述了从1600至2000年的日本历史，对日本的政治、经济、文化、军事都做了全方位的透视，是一部内容丰富的普及性读物。难能可贵的是，这部严谨的史著的叙述笔法是轻松好读的，比如，作者以这样的开篇引导读者走进日本近代史："1603年2月12日下午，京都南部德川家的伏见城。德川家康身披猩红礼袍,安坐在城堡平台上……"这富有文学色彩的语言,一下子就把读者给吸引住了。

无疑,中国读者看日本近代史的感觉是复杂的,笔者在读这部《日本史》时就是如此:一方面,可以读到日本在近代嬗变的过程中出现的那些令人难忘而又激动人心的人与事;另一方面,也可以读到日本发展之后在对外扩张的过程中给一些国家和地区的人民造成的灾难。这未免令人感慨:发生在近代日本的事,美的美不胜收,而丑的又丑陋残忍到了极致。难道日本人的"两面性"正如美国人类学家本尼迪克特在《菊与刀》中所说的"'菊花与刀',就是日本现实生活中显而易见的一组矛盾"?

除了本尼迪克特的《菊与刀》之外,关于日本的著作中颇为令人称道的还有戴季陶的《日本论》、蒋百里的《日本人》以及新渡户稻造的《武士道》等,这些著作都能从某些方面为读者提供了解日本的视角。比如,在战争方面,中国近代著名军事理论家蒋百里对日本人看得很透彻,他在《日本人》一书里把这个国家比做一只渔船,说:"这一只渔船,遇到了台风,一高高到天上,可以征服亚洲,即可以征服世界……一低又低到了地狱,贫富不均,生活困难,革命共产,虚无主义,暗杀手段,不仅把舵的失却了罗盘针,全民族也就导入了一种疯狂状态……"

相对于以上所提及的这些著作,詹姆斯·L.麦克莱恩的《日本史》并不见得更加深刻,但是他为读者所提供的视野却是广阔的。《日本史》不但涉及日本400余年政治、经济、社会文化等各个方面的内容,而且涉及不少中国对日本近代史研究的空白部分或者很少涉足的一些领域,故而堪称全景式研究的一项新近重要学术成果。

日本和我们近邻,但是,我们对日本的了解并不是多了,而是少了。在图书出版方面也是如此——至少，在目前，关于日本的普及性读物是不多的。因此，这本《日本史》极具出版意义。身为编辑，笔者也热衷于推出普及性文史读物，笔者已推出的文史读物有《亚洲史》《非洲史》《拉丁美洲史》《中医史》《世界探险史》等等。在笔者看来，在中国读者中普及文史知识对于出版人来说仍然任重而道远，这本《日本史》的出版，将对中国读者了解日本起到有意义的启迪作用。

（原载《中国经济时报》2010 年 6 月 4 日）

第四辑
读沈从文

为有源头活水来

——《从文自传》散论

耸入云天的高山,是在晴空下才能睹其伟观的。沈从文,这位声名在外的文学大师,当东风扫荡了岁月的阴霾,国人才看到了他笔底的异彩。有位面壁 10 年为沈从文立传的美国学者——金介甫认为,应当"把沈从文、福楼拜、斯特恩、普罗斯特看成成就相等的作家"(《沈从文传》)。

生活是创作的谜底。读一读作家的传记可以了解作家的创作。《从文自传》"原汁原味",最能帮助读者认识这位文坛巨擘创作渊源之所在。

一

作家汪曾祺在谈到沈从文时,把他与曾在伏尔加河流浪过的高尔基和曾在密西西比河上当过领港员的马克·吐温相比,说:"沈从文在一条长达千里的沅水上生活了一辈子。20 岁以前生活在沅水边的土地上;20 岁以后生活在对这片土地的印象里。"(《沈从文传·序》)这 20 年富有传奇色彩的经历,影响他的一生,影响他一生的文学创作。作为他本人早期创作的具有标志性意义的作品,《从文自传》是他一生创作的雏形。他的乡梦——浓厚而又深沉的乡土意识,他对地方风俗、民族文化的崇拜,他对广大民众所怀有的深情以及对人生的关切,在《从文自传》中,都流露出来了。沈从文所构筑的宏大的乡土世界,是以他前20年的经历为基地的。

沈从文的作品,过去常常在"思想性"上遭到批评家们的挑剔。事实上,沈先生总是将他的思想,寓于他所写的现象之中——虽未曾点明。当我读《从文自传》时,总觉得作者的感情浓重而又深沉,并体会到他在书中所蕴含的两种情感:对世俗的叛逆,对"俗人"的深情。

勾绘浓重而又奇丽的乡俗画卷,是沈先生作品的一个特点。湘西人民古朴淳厚的乡俗、民风,经过作家的过滤,呈现在读者面前的,是一种美。大凡喜爱沈先生作品的读者,都被这种美吸引了。不过,作者并没有把那里的一切都看作是美好的。他骨子里具有一股反抗精神。这与他后来成为一位具有独特风格的作家,关系也是很密切的。

沈从文六岁开始上私塾读书。在那里,他的经历"如一般风气,凡是私塾中给予小孩子的虐待,我照样也得到了一份"(《从文自传》之《我读一本小书同时又读一本大书》)。再加上先生的教学方法也并不灵活,就使他产生了厌倦心理,没多久,他就变成一个逃学成性的顽童了。对于他的逃学,他本人在书中作了解释,"二十年后我'不安于当前事务,却倾心于现世光色,对于一切成例与观念皆十分怀疑,却常常为人生远景而凝眸。'这份性格的形成,便应当溯源于小时在私塾中逃学习惯"(《从文自传》之《我读一本小书同时又读一本大书》)。

在《一个老战兵》里,作者写到自己在旧历七月十五日中元节的事。按照当地人的习俗,这一天人们都要拿纸钱同水酒祭奠河鬼,按常理是谁也不敢下水的。然而他却被这异常清静的河水打动。文中写道:"纸钱烧过后,我却把酒倒到水中去,把一块半斤重熟肉吃尽,脱了衣裤,独自一人在清清的河水中拍浮了约两点钟左右。"

从上面的例子,我们可以感受到作者那颗不同于世俗,处处为新鲜事物而跳动的心。他所具有的反世俗的思想,正是他从偏僻闭塞的凤凰小城走向北京,最终成为一位具有独特风格的作家的原因之一。

二

沈从文曾经说过,他"对于农人与兵士,怀了不可言说的温爱"(《边城·题记》)。他对于下层人民,对于广大民众,即"俗人"都怀着挚爱,怀着深情。这种情感,在《从文自传》中也可以领悟到。

作为地方土著部队中的一员士兵,沈从文在随部队迁徙流浪的生活中,耳闻目见,使他对沅水流域一带人们的生活有了更深的了解。在他的一生中,也只有记载在《从文自传》中的这20年有更多的机会与下层民众接触。

在沈从文当兵之前,就与下层人民有接触,但他那时的社会生活视野比较狭小,跟家庭所去不远,而在随部队进入辰州之后,他的视野便逐渐扩展了。他本人所说的"开始混进一个更广泛的学校"应该由这里开始。

在他的自传中,他记录了所在部队滥杀无辜乡民的悲惨经过:

关于杀人的纪录日有所增,我们却不必出去捉人,照例一切人犯大多数由各乡区团总地主送来。……民三左右时一个黄姓的辰沅道尹，在那里杀了约两千人，民六黔军司令王晓珊在那里又杀了三千左右，现时轮到我们的军队作这种事，前后不过杀一千人罢了！（《从文自传》之《清乡所见》）

在怀化镇：

……司令官军法官除了杀人似乎无别的事可作。我们兵士除了看杀人，似乎也是没有什么可作的。（《从文自传》之《怀化镇》）

当时就是这种情景。作者在怀化镇上的所见所闻，使他感触颇深，对于这段时间的生活，他说："这地方给我的印象，影响我的一生感情极其深切。"（《从文自传》之《怀化镇》）这种深切的感情，就是来自对这些被无辜杀害的乡民的温爱。

三

在随部队迁徙流浪的过程中，沈从文所接触的，不是人事哀乐，就是青山绿水。自然开启了他的灵性，后来他写的许多表现湘西人事哀乐的作品，带着浓厚的湘西风俗画的同时，也带着当地浓厚的自然风景画，这构成了沈从文的乡土风格。其实，这种风格在作家备受自然洗礼，还未拿起笔来创作之时已经在他的印象中具备雏形。在写《从文自传》时，则已经形成。在《我上许多课仍然不放下那一本大书》中，沈从文提到几间榨油坊。他和当地的伙伴们总爱凑一份热闹，去倾听油坊间的打油人唱歌，也爱看桐子榨出油的过程。在行军中，他经过了一个地方，那地方有"用竹木编成的渡筏,那些渡筏,在静静溪水中游动,两岸全是夹竹林高山,给人无比幽静的感觉"(《从文自传》之《一个大王》)。那间油坊,后来进入他的《阿黑小史》中;至于后一处,则是《边城》中翠翠和她爷爷的置身之处。很多书本上都提到沈从文受到过哪些作家的影响,其实,对他影响最深的,是故乡的景物和人事哀乐。前辈作家以及国外作家们给他的是写作技巧上的影响,而故乡的风物却深深地凸现在他本人的心灵深处,这一点,是任何技巧都不可取代的。

四

在《从文自传》中,有几处关于文艺性质的精辟论述。

沈从文曾经说过:"若猜得着十年后我写了些文章,被一些连我文章上所说的话语意思也不懂的批评家,胡乱来批评我文章'没有思想'时,我即不懂'思想'是什么意思,当时似乎也就不必怎样惭愧了。"(《从文自传》之《一个转机》)在本书中,沈从文提到自己看了迭更司的《冰雪因缘》《滑稽外史》和《贼史》三部书之后所受的影响,他这样评说迭更司:"他不象别的书尽说道理,他只记下一些生活现象。即或书中包含的还是一种很陈腐的道理,但作者却有本领把道理包含在现象中。我就是个不想明白道理却永远为现象所倾心的人。我看一切,却并不把那个社会价值搀加进去,估定我的爱憎。"(《从文自传》之《女难》)

沈从文的作品就是这样。读者读他的作品时,可以或深或浅地体会到它的意蕴以及作家的思想感情,因而深深被它所吸引。他的《丈夫》就写得很平实,却很感人,有的读者引用普希金的话,说它像"伟大的俄罗斯的悲哀"。(引自黄永玉《太阳下的

风景》)

　　沈从文当年接触下层人，因时代使然，他们免不了要说粗话的。沈从文并不是提倡人们去说粗话，他把这些粗言野语用到文章中去，是为了加强文章的生动性，增加"人物的色彩和生命"。这一点给我们的启示是：写人物，得贴着人物的身份来写。如果把农民的语言写成教授的语言或者把教授的语言写成农民的语言都是不恰当的。

　　作为沈从文早期的代表作品，《从文自传》是引人入胜的湘西梦痕，是感人肺腑的故园心曲，其所包含的内蕴是很丰富的。笔者无意去钩沉抉隐，只是择其要者略陈其一点端绪。

（原载《三亚晨报》1994 年 1 月 24 日）

读《萧萧》

　　读沈从文先生的作品，总让人感觉到作家的情感是深沉的。
　　沈从文是乡土作家，这就注定了他的作品少不了大量关于故乡风俗的描写。值得注意的是，作者并不是为写风俗而写风俗的。他笔下的风俗，是经过情感体验的风俗，作者把他的情感寓于风俗之中，然后诉诸笔墨。这样，当我们读他的作品时，就有这种感觉：作者对风俗的描写，并不仅仅是为满足我们的好奇心而已，其中有许多深沉的思想是值得我们去体会的。沈从文早期的代表作《萧萧》就证明了这一点。
　　从小说的开头起，萧萧的生活就与当地的风俗紧密地联系在一起。乡下人12月间吹唢呐接小女子做媳妇，这是时常会有的事。对于这种"风俗"，萧萧见也见得多了，因此，当一顶花轿将这个12岁的小女子接去给一个比她小9岁的幼儿做媳妇时，她既不害羞，也不害怕，"还只是笑"。既然未到圆房的年纪，那萧萧的任务就是只陪着刚断奶不久的小丈夫玩。按当地的规矩，她称呼丈夫为"弟弟"，他们"姐弟"俩很亲昵地在一起玩耍。不巧，这时正好是萧萧长身体的年龄，而身材强壮的花狗大又不断地对她进行诱惑、挑逗。于是，萧萧在15岁那年的一天，便成了妇人。萧萧的大肚子暴露了一切，按习俗，她只有两条路可走，不是"沉潭"就是"发卖"。把萧萧抚养大的伯父不忍心选择前者，于是小丈夫的家人便先将她关着，等着"发卖"。不料萧萧生出了个"声响洪壮"的男孩来,一家人皆大欢喜,萧萧的命运也因此而改变。

上面的叙述,涉及一系列当地的风俗。沈从文在叙述这个故事时,仿佛平静,实则悲哀。湘西在当时是一块偏僻闭塞的土地,说到底,当时这块土地上存在着的不少风俗其实是陋习。从萧萧出嫁到她因生男孩而改变命运这一过程中所发生的有关习俗的事件,都很好地证明了这一点。无疑地,对于当地风俗习惯中许多不好的方面,作者是持批评态度的。读完这篇小说,我们为萧萧的最后命运不带上悲剧色彩而庆幸。不过,这些陋习,无疑是当地人身上一个无形的、沉重的枷锁。

生活在这样封闭的环境里,这里的人们对许多新的事物都抱有"嘲笑"的态度和排斥的心理,比如,他们对路过村庄的女学生们的态度就表明了这一点。一说起女学生,大家就哄然笑了,在他们的印象里,"都知道女学生没有辫子,留下个鹌鹑尾巴,象个尼姑……穿的衣服象洋人又不象洋人,吃的,用的……总而言之事事不同,一想起来就觉得怪可笑"!

对于这块土地上的人们,作者是怀着温爱,怀着深情的,从作者写到当地人对女学生的态度的另一方面,也可以看得出来。比如,当地人认为:"她们都会花钱,一年用的钱可以买十六只水牛。"——当地人与这群女学生不仅仅在思想上有着很大的差距,而且在生活水平上,差距不是也很大吗?!乡下人生活的苦处,可想而知。

沈从文在小说的结尾处写到萧萧与丈夫拜堂圆房时,她和花狗大的儿子牛儿已经 10 岁了。到 12 岁时,牛儿也接了亲,他的媳妇 18 岁。接亲那天,萧萧抱着自己新生的儿子也来看热闹,作者写道,"同十年前抱丈夫一个样子"。读到这里,我们仿佛看到作者在悲叹：这样的故事，年复一年，日复一日地重演，到什么时候才能有个尽头呢？！

在对乡下人种种不好的生活方式进行批评的同时，作者对乡下人深表同情。作家对这片土地所进行的描绘，不仅仅是向人们展示一幅独特的风俗画而已。作家的笔是指向未来的，他期待着这片土地更新。

（原载中国写作学会《写作》1994 年第 5 期）

静穆的沈从文

在我国现代文学的大师中，鲁迅是呐喊的，巴金是呐喊的，而沈从文则是静穆的。

沈从文在一条长达千里的沅水上长大。这沅水，默默地流着，它是静穆的。可是，旧时的沅水是悲哀的沅水，它产生了许许多多悲凉的故事。这静穆的沅水流着流着，它悲愤，它控诉。

沈从文正如这沅水一样，他是静穆的，不管为人还是为文都是如此；他不是一位不谙世事的作家，他是具有作家责任感的。在他的文字里，有悲愤，也有控诉。

温克尔曼在他的美学论著里说到希腊的雕刻艺术中有一种"静穆的伟大"。静穆，它本身就蕴含着强大的感人的力量，表现在著名的雕刻如《拉奥孔》上，不是很明显吗？在艺术上，"静穆"是崇高的。沈从文的许多作品正如此。当读着他的《边城》《长河》《丈夫》《萧萧》《湘西》《湘行散记》等代表作时，我们感受到这些作品所蕴含着的强大的感人力量。在作家的笔下，我们领略了湘西的青山绿水与人事哀乐。对湘西种种不合理的现象，作家有控诉，有批评——这表现在作品表面的文字中，更表现在作者所刻画的人物形象身上——作者通过表象的描写对湘西的现状及未来作了艺术的透视。对于旧制度，对于使湘西堕落的"力量"，作者提出了严肃的抗诉。他要"重筑民族品德"。所以，在看到下层民众的觉醒时——哪怕这种觉醒还处在自发的状态，他就欣然笑了。

在沈从文的"静穆"的作品里，我们可以看到作者有一支指向未来的笔。它告诉了世人一个巨大的暗影笼罩着偏僻闭塞的湘西，但，湘西是一片有希望的、向上的土地，它将会从贫困与愚昧中，一步一步地走出来。

沈从文——静穆的！

（原载《特区时报》1994 年 7 月 28 日）

因宁静而致远

"非淡泊无以明志，非宁静无以致远"本是诸葛亮在其《诫子书》中关于修身明志的名言，但其中的"宁静致远"却常常让人想到文学的境界，想到那些在静穆之中体现着伟大，能让人感受到力量的作品。

读沈从文的作品，其实是在感受静穆，感受一种力量美。

沿着长河，来到边城，注目那里的青山绿水，走进萧萧、傩佑和翠翠们生活的世界，我们就可以感受到静穆了，因为我们走进了沈从文所构筑的湘西世界。沈从文的很多名篇，都弥漫着这个世界所具有的静穆之美。

读沈从文的作品，让人想到湘西那条长达千里的沅水，在这条河流上，不知道涌动着旧湘西的多少人事哀乐。沈从文用文字编织着他的文学长河，在这条长河里，同样也涌动着湘西的人事哀乐。这条长河是一条缓缓流动着的沉静河流，壮美而深沉，体现了静穆之美。

即使是很悲哀的故事，沈从文也善于将它们安排在一片静穆的气氛之中。《月下小景》就属于这样的作品——当地人的爱情悲剧，在静穆之中更能体现出悲剧意味。他也善于通过自己的平静叙述来说明旧湘西沅水上的悲凉故事。他的思想感情，他的爱憎，都寓于这静穆的文字间。短篇杰作《丈夫》《萧萧》等，很好地说明了这一点。沈从文的名篇，那个"表现出受过长期压迫而又富于幻想和敏感的少数民族在心坎里那一股沉忧隐痛"（朱光潜语）的《边城》也是静穆的。

在"静"之中我们更能体会到"动"。以写顿河乡土而闻名的苏联作家肖洛霍夫写下规模宏大的顿河史诗，却用"静静的顿河"来概括哥萨克人的血泪史。在沈从文静穆的文学世界中，我们很能体会到发生在旧湘西的种种悲哀旧事；他所构筑的静穆的湘西世界唱出了湘西少数民族的心声，同时也唱出人类的心声。

沈从文的湘西世界因宁静而致远，因在静穆之中蕴含着力量而伟大。

（原载《海南日报》1996 年 2 月 25 日）

旧沅水上的悲哀旧事

——读沈从文《丈夫》

在沈从文先生的笔下，旧时的沅水流域，不知道有着多少悲哀的故事。

那时候的湘西，河岸上常泊着些烟船和妓船，在船上做着接客生意讨生活的，无非是一些穷地方的穷妇女。比如黄庄："地方实在太穷了，一点点收成照例要被上面的人拿去一大半……任你如何勤省耐劳的干做，一年中四分之一时间，即或用红薯叶子拌和糠灰充饥，总还不容易对付下去。"于是，地方上便有着女人到外地出卖肉体养家糊口的事。那些做丈夫的，每到念及在船上做生意的妻子时，便要出外见妻子一次。当这位男子从山里到妓船上看望妻子"老七"时，目睹了烟船妓船上的种种，明白了妻子为养家所付出的一切时，他悲哀地哭了，最后，把她带回到乡下去。

上面叙述的是小说的故事。

沈从文强调文学创作要克制情感，主张作家的爱憎要用平实的语言表达出来，诚如俄国作家契诃夫在论及创作时所说的："好和坏都不要说出声来。"《丈夫》的写作笔法是很平实的，但在这平实的叙述之中，我们可以感受到湘西的悲哀，感受到沅水流域人们生活的悲苦。作家平实的写作笔法体现了一种"静穆"之美，诚如温克尔曼所推崇的"静穆"一样，蕴含着一种伟大而感人的力量。

在沈从文的作品里，我们并没有看到血和泪的文字，但是，他的作品却有着厚重的悲哀意蕴。《丈夫》也体现了这一特点。这篇作品还反映了山里人初步的、无意识的觉醒。"老七"的丈夫最后把她带回山里，从这种无意识的反抗之中可以看出，他已找回了人之所以为人的尊严。

作为小说，《丈夫》的故事本身就是很吸引人的，但是，故事只不过是小说的基本面而已，在故事以外，小说还有更加重要的东西。表现在沈从文的这部小说里的，就是透过作者的故事，我们看到他的一支指向未来的笔。沈从文的创作是平实的、低缓的、悲哀的，但是，透过纸面，我们无疑会深切地体会到作家的心脉跳动。他希望人民的悲苦生活成为过去，他期待着这片土地更新。

当然，像《丈夫》中所叙述的这个故事，于我们现在看来，它已成了旧沅水上的悲哀的旧事。那里的人们，正一步一步地从贫困中走出来。

这正是沈从文先生所期待的。

（原载《海口晚报》1997 年 7 月 5 日）

乡俗批评

——沈从文创作的一个侧面

在读到沈从文的作品《萧萧》的时候,我注意到,这是一篇篇幅不长却是很有力量的小说。这篇小说所显示出来的力量,主要表现在作家对故乡风俗的批评方面。在这篇小说里,除了对当地人的某些观念(如"重男轻女")不满外,作者明显地批评了两种风俗:童养媳的习俗(萧萧12岁就被卖去当了童养媳,她的"丈夫"这时只有3岁);当地人处罚所谓"不贞"的妇女极其苛刻,"沉潭"和"发卖"是他们在处罚妇女方面沿袭下来的俗例。(这是由萧萧的经历而引出的习俗。她与外人私通,有了身孕,负上"不贞"的罪名,按照当地的习俗,她只能被"沉潭"或"发卖"。)通过对湘西陋俗的批评,人们更能体会到作家的一支深沉的笔,以及他笔下深沉的湘西土地。当然,乡俗批评在沈从文的创作中,并不仅仅表现在《萧萧》这篇小说里。在他的创作中,我们可以常见他所持的乡俗批评的态度,可以说,这是沈从文文学创作的一个侧面。

沈从文主要是以乡土文学作家的身份出现在文坛的,他热爱故乡的土地,一辈子生活在这片土地上,"20岁以前生活在沅水边的土地上;20岁以后生活在对这片土地的印象里"。① 这是对沈

---

① 汪曾祺:《沈从文传·序》,见[美]金介甫:《沈从文传》,符家钦译,湖南文艺出版社,1992年,第1页。

从文一生很好的概括。他以湘西为他的创作基地，写出了《边城》《长河》等大量优秀的作品。在谈到《边城》时，沈从文说："我要表现的本是一种'人生的形式'，一种'优美，健康，自然而又不悖乎人性的人生形式'。"① 和《边城》一样，他的不少有关乡土的作品，都寄托着对这种"人生形式"的深深向往。在他的作品里，我们可以体会到湘西多彩多姿的风俗习惯。对于故乡良俗，作者是崇拜的，他喜欢体现在这些良俗中的丰富多彩的内容。但是，湘西是一片古老的土地，在存在着许多良俗的同时，也产生了一些陋俗。这些陋俗，对于沈从文来说，跟他所推崇的"人生形式"自然是格格不入的，是不健康的、不优美的而又不自然的。作为一位有责任感的作家，他对这些陋俗作了批评。从他的创作看，他对陋俗的批评，是跟当地人紧密地联系在一起的——作家始终关怀着当地人的命运。

沈从文从小就具有叛逆的性格，在这种性格之中，也包含着对存在于故乡的陋俗的反感。在《从文自传·一个老战兵》中，他曾提起童年时代的一段往事：旧历七月十五日中元节这一天，正是人们拿纸钱与水酒白肉祭奠河鬼之时。按习俗，这一天谁也不敢落水，但是他却不顾这种习俗的影响，他"脱了衣裤，独自一人在清清的河水中拍浮了两点钟左右"。沈从文批评陋俗的观念，从他小时候起已经表现在他的行动之中。

有趣的是，沈从文笔下所批评的陋俗，很多与女性息息相关。在批评这些风俗时，很大程度上表现出作者对于女性的莫大关怀。中国旧时女性的命运，往往显得很悲惨，这跟她们的社会地位有关。旧时女性的遭遇，在中华民族这片土地上，人们已经习以为

---

① 沈从文：《沈从文文集》（第11卷），花城出版社，1992年，第45页。

常。而表现在沈从文笔下的湘西土地上，则是由于当地人观念上对"不贞"的妇女极其憎恶，遂产生种种惩罚这些妇女的方法，久而久之便形成陋习。沈从文笔下的萧萧的命运还好些，她犯了女性的"禁忌"，与别人私通，事败后等着她的本来不是"沉潭"就是"发卖"，幸好她生出个"声响洪壮"的儿子来，才不至于落入悲惨的命运。可是在湘西，有多少"不贞"的女子能逃得过"沉潭"与"发卖"的悲剧下场！在沈从文的小说里，就有关于女子被"沉潭"时的场面描写。

由于当地人对"不贞"的女性的世俗观念，当地的一些女性在性的方面受到很严酷的压制，因为女性所谓的不贞，都是表现在性方面的。沈从文在他的创作中，提到"落洞"这种习俗。

对于一个尚未出嫁的女子来说——有的早熟，有的晚熟——在性方面所受的限制，使她们在情绪上所受的压制自然而然地转化为病态。既然人与人之间的相悦显得很渺茫，就只好把精神寄托在神怪身上，以解除在性方面所受压抑的情绪。于是那些"眼睛光亮，性情纯和，聪明而又美丽"，"情感热烈不外露"的未婚女子"间或出门，即自以为某一时无意中从某处洞穴旁经过，为洞神一瞥见到，欢喜了她"，这样，这女子在一种变态的想象之中得到一种满足。这就是湘西风俗中的"落洞"。由于对女性在性方面的残酷压制，一些年轻漂亮而又文静的女子觉得人与神的爱悦甚至比人与人的爱悦要"美好"得多，久而久之，成为"落洞"这形式，并且最终成为一种习俗。沈从文指出，"落洞""事实上也就是一种变形的自渎"。[①] 并且认为"一种正常美满的婚姻，

---

① 沈从文：《沈从文文集》（第9卷），花城出版社，1992年，第405页。

必然可以把女子从这种可怜的生活中救出"。① 可是，由于"落洞"的女子已经有了神的眷顾，还会有谁愿意接去做媳妇呢？她们只有在这种变形的自渎中耗尽生命。这些美丽健康的女子，由于受到当地人观念上的限制，不能得到自身应得的权利，只有一死。"落洞"这种习俗，带有很明显的迷信色彩，沈从文在叙述有关"落洞"的故事时，是持批评态度的。他认为，从表面上看，这种形式仿佛很美丽（这种所谓的美丽当然是由于当地人在观念上的迷信而有的想法），但是在背面，却隐藏着悲惨。

由于有感于旧时中国妇女所处的不平等的社会地位以及由此而产生的遭遇，很多头脑清醒的现代作家的笔，常常关怀着妇女们的命运，并且写出许多优秀的作品来。鲁迅在《祝福》中所刻画的一生凄苦的祥林嫂形象，柔石在《为奴隶的母亲》中刻画的备受蹂躏的春宝娘形象，都是这方面的典型。沈从文也不例外，他一样关怀妇女们的命运，他笔下所写到的陋俗，总是与当地人的命运，尤其是与当地女性的命运紧密联系在一起的。这一点是他在创作上的独特之处，也是他与同时代的作家有所区别之处。沈从文的笔涉及不少湘西的陋俗，在很多人看来，这些习俗也许离奇有趣，其实作家的这支笔是深沉的。从表面上看，他的作品很少有关血与泪的场景描写，但是他的不少文字却是血与泪的文字。对于这些陋俗与当地人命运的关系，作家的叙述是平静的，但是他的文字却蕴含着力量。

在乡俗批评方面，《月下小景——新十日谈之序曲》是一篇很成功的小说。傩佑和他的情人热恋，可是，尽管他们深深地爱着，但对他们所处的环境，却感到绝望。当地存在着一种习俗：

---

① 沈从文：《沈从文文集》（第 9 卷），花城出版社，1992 年，第 406 页。

他们认为处女是一种有邪气的东西,因此,"女人同第一个男子恋爱,却只许同第二个男子结婚",而"第一个男子可以得到女人的贞洁,但因此就不能够永远得到她的爱情"。傩佑和他的情人都希望能够得到对方的贞洁与爱情,可是,他们却没有能力与这个来源极古的习俗作对,否则,等待着傩佑的情人的,不是被沉潭,就是被抛到地窟窿里去。当然,如果傩佑娶了他的情人,按照当地人的看法,那他就是不幸的。因此,即使他们相信"没有船舶不能过河,没有爱情如何过这一生?"他们也无可奈何,只好选择一死,作为对这种习俗的无可奈何的反抗。沈从文涉及乡下人爱情的作品,总是极力推崇一种健康的、美好的爱情方式,如《阿黑小史》中阿黑与五明的恋爱,《边城》中翠翠的爱情故事(虽则有点凄惨,但不失为健康美好的)等等。这种健康美好的爱情方式,是他心目中的爱情方式,也是作者希望更多地产生于人类的爱情方式。可是,旧时湘西的不少陋俗,使本来应该美好的爱情带上浓厚的悲剧色彩,使许许多多像傩佑和他的情人一样真心相爱的男女得不到幸福。这和沈从文心目中的理想爱情相去甚远,因此,他对这些陋俗就自然而然地持批评的态度。

在《凤凰》一文里,沈从文说到当地人好鬼信巫的情绪因为环境特殊,热烈专诚到不可想象的地步。这说明在那里,迷信是产生不良习俗的一个原因。所以,在凤凰,放蛊与行巫颇为盛行,可谓是当地陋俗的代表。沈从文的笔,更多地体现在女性身上,体现在男女爱情方面。不过,当他的笔一旦涉及故乡的陋俗时,总是不无感慨地批评它们。

沈从文 22 岁到北京,此后的大部分时间都在大城市里度过。但是,他对于大城市里存在的种种道德缺失的现象很反感,常常以"乡下人"自居。乡下人的古朴生活与城市人的堕落生活在他的印象里形成一种反差。所以，他的不少作品给人的印象是：湘西土地是古朴的，也是美好的。而人们却不太注意他作品的另一方面：乡俗批评方面。这一点，就是本文所要阐明的。作者的笔为什么要涉及这些方面呢？作为一位有社会责任感的作家，他总是希望这片土地变得更好，当种种陋俗存在着，并使人们的生活带上悲剧色彩的时候，难道他不希望这些陋俗从这片土地上消失吗？本着这种责任感，沈从文对存在于故乡的陋俗提出了批评。

综上所述，我们可以知道，乡俗批评是沈从文创作的一个侧面。

（原载《椰城》1994 年第 6 期）

从沈从文的创作看其妇女观

"五四"时期是中国历史的转变时期,对"民主"与"科学"的倡导,以及当时的种种社会活动和思潮,都说明了社会的进步。"五四"的影响是深远的,在当时及以后,它的思潮都深深地震撼了久受压制的中国人民的心灵。中国现代作家或亲身经历"五四",或受"五四"的影响,大都具备进步的思想观念。无疑地,对几千年中国封建社会的反省,对中国半殖民地半封建社会的反省以及对他们身处的社会的忧患意识,使得他们思想深沉。社会进步了,社会的进步促进了妇女解放意识的发展。诚如马克思所说的:"每个了解一点历史的人也都知道,没有妇女的酵素就不可能有伟大的社会变革。社会的进步可以用女性(丑的也包括在内)的社会地位来精确地衡量。"[①] 当这些思想深沉的作家们回顾中国妇女的历史,回顾中国妇女在历史上的卑微地位以及她们所受的重重束缚时,他们就能清醒地意识到妇女解放问题的重要性。因此,他们的笔,常常关注妇女的命运。值得注意的是,中国现代作家笔下的妇女形象,虽然只是当时他们所处时代的妇女形象,但是,这些形象的意义不仅仅在于此,因为当时妇女的悲惨处境,并不只是当时的原因而已,它还有历史的原因在内。中国社会长期以来所形成的畸形的妇女观,不但使古代妇女处境悲惨,也使

---

① 《马克思恩格斯全集》(第32卷),人民出版社,1975年,第571页。

现代的妇女地位卑微。所以说，中国现代作家笔下所刻画的妇女形象，其意义是贯通古代和现代的。

由于中国现代作家关注妇女命运，现代文坛的女性形象众多。在这些女性形象长廊中，有不少是被刻画得很成功的。这些现象说明，中国现代许多作家都具有进步的妇女观。在这些作家之中，笔者注意到沈从文。这位20世纪20年代受新思想影响而初涉文坛，30年代驰名文坛的住在城里的"乡下人"，对故乡湘西既持赞美又持批评态度的作家，是如何看待妇女的？因此，有必要由其创作看其妇女观。

一、湘西女性——真、善、美的歌者

从沈从文的创作看，湘西女性是真、善、美的歌者。

在文学史上，女性的真、善、美是为许多作家所发现和歌颂的，用冰心的话来说，就是："世界上若没有女人，这世界至少要失去十分之五的'真'、十分之六的'善'、十分之七的'美'。"[1] 在深入地了解沈从文所构筑的湘西世界之后，笔者发现，在他的作品里，具有真、善、美的性格特征的女子比比皆是。沈从文写出了规模宏大的湘西田园式牧歌，而在他看来，湘西的妇女们，就是真、善、美的歌者。要了解沈从文的妇女观，还得从他的创作去窥探。

在谈到自己的创作时，沈从文说："我要表现的本是一种'人生的形式'，一种'优美、健康、自然而又不悖乎人性的人生形

---

[1] 冰心：《关于女人·后记》，见《中国现代文学序跋丛书·散文卷》，海南出版社，1988年，1451页。

式'。"① 又强调他的作品是要"为人类'爱'字作一恰如其分的说明"。② 从这两点文艺观和他的创作看,"美"与"爱"是沈从文始终极力推崇和表现的。他构筑了规模宏大的湘西世界,而"美"与"爱"就是存在于这个世界的重要内容。沈从文是 20 年代受新思想的影响而走出湘西的,此后,生命中的大部分时间他一直在都市里度过。都市里存在的种种现象,就使这位受湘西的青山绿水和人事哀乐影响甚深的"乡下人"形成一种文化反差。湘西人固有的生活方式和城里人变动着的生活方式,乡村与都市的人世百态,无不在这位作家的脑海里刻上深深的烙印。城市是现代文明和社会发展迹象表现得最为明显的地方,可是,现代文明和社会的发展,却使城市人的心态发生了变化。沈从文并不否定现代文明,但是,在他看来,在体现着现代文明的城市,却存在着城市人种种腐朽堕落的迹象。于是,在湘西世界里人们淳朴美好的生活方式,特别是湘西的"美"和"爱"就成了他的梦寐之所在——他要构筑这个"美"和"爱"的世界。而湘西的女性,就很能体现这个"美"和"爱"的内容。她们集中了真、善、美,洋溢着健康与热情——她们就是真、善、美的歌者。

在沈从文的作品中,具备真、善、美而最令人难忘的女性形象,是《边城》中的翠翠。翠翠是受湘西的淳朴民风和大自然的熏陶成长的,在她身上,集中了当地女性善良与淳朴的美好品质。她是一位活生生的大自然之女:

> 翠翠在风日里长养着,把皮肤变得黑黑的,触目为青山

---

① 沈从文:《沈从文文集》(第 11 卷),花城出版社,1992 年,第 45 页。
② 沈从文:《沈从文文集》(第 11 卷),花城出版社,1992 年,第 45 页。

绿水，一对眸子清明如水晶。自然既生养她且教育她，为人天真活泼，处处俨然如一只小兽物。人又那么乖，如山头黄麂一样，从不想到残忍事情，从不发愁，从不动气。平时在渡船上遇陌生人对她有所注意时，便把光光的眼睛瞅那陌生人，作成随时皆可举步逃入深山的神气，但明白了人无机心后，就又从从容容的在水面玩耍了。

沈从文所刻画的翠翠，具有外在美，更具有内在美，在她身上，集中了没有受到过城市工业文明污染的湘西女性真、善、美的特征。沈从文的另一部作品《长河》，也写了像翠翠那样的女性形象，如"黑中俏"夭夭和"枣子脸"二姑娘，都是真、善、美的。

沈从文在文章中谈到中南地区少数民族的性格特征时，认为当地人有两点最令人难忘，那就是"爱美"和"热情"。[①]这两点性格特征，也正是沈从文笔下的妇女所具有的。沈从文本人写过一些传奇小说，在他的这类小说里，当地女性所具有的"爱美"与"热情"的特征被体现得淋漓尽致。由于是传奇小说，所以，其中女性所具有的真、善、美的特征，与《边城》中的翠翠的性格特征不尽相同，她们显得大胆、热情与奔放。但是，人们不妨把这些传奇小说中女性的性格特征，当作作者对当地女性性格特征的归纳与升华。《媚金·豹子·与那羊》就是这样的一篇小说。白脸族苗人中顶美的女子被凤凰族青年豹子的歌声征服，她承认自己输了，愿意献身给这位意中男子。她唱道："红叶过冈是任那九秋八月的风，把我成为妇人的只有你。"他们约好在宝石洞里

---

① 沈从文：《沈从文文集》（第 10 卷），花城出版社 1992 年，第 221 页。

过初夜。因为是初次,豹子准备牵一只小白羊去送给媚金,用白羊换媚金贞女的红血。可是,由于花时间找白羊,他来晚了。在宝石洞里等了一夜的媚金,以为他说了谎,欺骗了她,就在洞里自杀了。豹子赶到时,看着奄奄一息的媚金,也用刀刺进自己的胸膛。

对于这篇小说的解读,可以从这方面看:湘西外界的都市导演的是现代文明的变数,它与湘西乡村的社会历史文化常数交织在一起,从而导致了强烈的矛盾冲突。媚金的行动,在外界人看来是不可理解的。当人们通过对媚金的性格做一番分析之后,不难发现她"美"的内容。沈从文在对他所理解的"爱"字做解释的时候,没有忘记那些健康、活泼而又生动的山歌。媚金和豹子是通过对歌的方式许愿的,这些山歌所蕴含的内容,就是他们健康、美好的内心体现,反映着真、善、美的内容。媚金也是受当地淳朴的乡风影响成长的,外面的世界对她来说是个未知数。在沈从文看来,湘西没有受到过外界污染的女子,恪守着真、善、美,媚金就是这样的一个女子。在她身上,还是有一种刚烈的品质,所以,当她误以为豹子负心时,就选择了死。在理解了外界都市的现代文明变数与湘西乡村的社会历史文化常数所交织而产生的矛盾冲突之后,就不难理解《媚金·豹子·与那羊》这篇悲剧传奇小说所蕴含的真、善、美的内容。沈从文其他传奇小说中的女性,也都具有真、善、美的特征。

在沈从文看来,由于湘西的风俗淳朴,即使是妓女,也比外界的虚伪女性显得可爱。她们都是因为生活所迫沦为妓女的,但是她们总是那么浑厚,不失真。一旦爱上某个水手,就"尽把自己的心紧紧的缚定远远的一个人""痴到无可形容"(《边城》)。她们渴望有自己的情感生活。在感情上,她们是真挚的,而且,她们都很善良。小说《柏子》中的妇女以及散文《一个多情水手与一个多情妇人》中的夭夭就是这样的女性。

当沈从文塑造这些妇女形象时，乡村生活已经远离他很久很远了。他身居都市，耳闻目睹的是许多腐败堕落的现象。这位热衷于重造民族品德的作家，不能不忆起湘西，忆起那块长养着真、善、美的女性的大地。沈从文把湘西女性看作真、善、美的化身，这是他重造民族品德的内容，也是重要的妇女观。

二、沈从文呼吁：结束湘西的"女奴时代"

构筑人性神庙是沈从文创作的文学准则，它主要包含两个方面的内容："一方面是对人性美的赞颂和讴歌，一方面是对摧残、破坏人性美的种种社会阴暗面或罪恶势力的揭露和鞭挞。"[①] 毫无疑问，湘西是一片有着淳朴民风和良俗的美好世界，其中不乏沈从文本人所推崇的"爱"和"美"。但是，当时湘西是一片偏僻闭塞的土地，它在存在着许多美好事物的同时，也存在着不少陋俗，因为那毕竟是一片未开化的土地，它被种种陋俗笼罩着。这些陋俗影响了当地人的生活，尤其是对当地妇女的生活影响更深，也更残酷。

从女性人类学的观点看来，女性的历史可以分为三个阶段，即女神时代、女奴时代和女人时代。女性曾经有过女神时代一段辉煌的历史，但是，女性作为"神"而备受推崇的时代相对于人类历史来说却是短暂的，长期统治着世界及中国妇女的，是"女

---

① 吴立昌：《沈从文——建筑人性神庙》，复旦大学出版社，1991年，第115页。

奴时代"。在这个时代里,"女性存在完全是一种奴化的存在,女性的生存状况完全是一种奴隶状态"。① 女性是没有任何权利可言的,她们被奴化,受到各种各样的压抑,经历女性历史上最为黑暗的一幕。沈从文笔下所反映的许多妇女形象,使人想起"女奴时代"这段历史。沈从文笔下的不少妇女是洋溢着"爱"和"美"的,这是妇女自身所特有的本质。而相对于女性历史而言,她们都是处于"女奴时代"的妇女。沈从文面对的是一个令他悲哀的世界:作家认为女性是真、善、美的歌者,可是在湘西的"女奴时代"里,这些真、善、美的歌者正在被摧残。

说到湘西妇女的不幸命运,不能不提到原始宗教对她们的影响。沈从文在《凤凰》一文中提到放蛊与行巫在当地十分盛行,这些原始宗教对当地人的影响,更多地体现在女性身上。就以放蛊为例,放蛊首先与仇怨有关,而仇怨又与男女之事有关,是男女仇怨的一种报复手段。在这些仇怨的相互争斗中,受害最深的自然就是妇女。放蛊、行巫与"落洞"(一种受性压抑的女子自以为得到洞神的光顾,发展而成的变态精神病)在湘西颇为盛行。沈从文认为,这三者是同源而异流的,都源于人神错综,即一种情绪被压抑后变态的发展。她们都是以神为对象而产生的变质女性精神病。原始宗教对湘西女性的影响不一而足。总而言之,湘西的原始宗教对妇女是产生诸多不良影响的。

对妇女的歧视态度,使妇女的命运带上悲剧色彩,这在沈从文的创作中也可以常常看到。在湘西,有一种处罚妇女的极其残忍的方式,就是"沉潭"。当地人对那些所谓不贞的妇女采取严酷的压制手段,将她们剥光衣服,装进笼子里,然后绑上石头,

---

① 禹燕:《女性人类学》,东方出版社,1988年,第72页。

把她们推入水潭中活活淹死。这种情景，在小说《巧秀与冬生》中可以看到。

把妇女商品化，这是男性压抑女性自然存在的一种方式，也是"女奴时代"的妇女们受压制的表现。在沈从文的笔下，湘西的妇女也有被商品化——"发卖"的处境。另外，"童养媳"的习俗（《萧萧》）在湘西也很盛行，这也是妇女被奴化的表现。有的外国学者认为："'童养媳婚姻'——女孩子在她将来的婆家生活——便是出卖女孩的变种。无怪乎，这些女孩的名称通常可以译成'奴隶姑娘'（奴家）了。"①

沈从文颇有影响的短篇小说《丈夫》讲了一个不幸妇女的故事：家里实在太穷了，她不得不到外面的世界去出卖自己的肉体，用于养家糊口。贫穷使男子潦倒，也使妇女堕落，她几乎丧失了作为女性所应有的尊严。作者所叙述的，是一个悲哀的故事。这个妇女的命运，使有的人读了这篇小说后觉得它"像普希金所说的'伟大的俄罗斯的悲哀'"。②

在沈从文的笔下，命运悲惨的妇女很多，笔者在上文中只是概括了一个轮廓。从她们的生活状况看，说她们处于"女奴时代"并不过分。对于湘西，沈从文既表现了美，也揭露了丑。他热衷于表现湘西妇女的真、善、美，憎恶那些使当地妇女的命运带上悲剧色彩的邪恶力量。沈从文并没有从这个方面在文字中特别提出他的妇女观，但是，作家的创作总是代表着他的思想的。沈从文本人喜欢将他的观点寓于文字之中，寓于他所描写的事物上。

---

① D.L.卡莫迪：《妇女与世界宗教》，徐钧尧、宋立道译，四川人民出版社，1989年，第71页。

② 见黄永玉：《太阳下的风景》，《花城》，1980年第5期。

而读者从他的创作中,便可以概括出他的妇女观。沈从文是具有责任感的作家,他关怀着湘西妇女的命运。他用悲哀的目光注视着湘西大地上的妇女们——处于"女奴时代"的妇女们。他呼吁:结束湘西的"女奴时代"。他有一支指向未来的笔,希望这片土地更新,让这些处于"女奴时代"的妇女们成为"女人"。

三、沈从文眼中的"新女性"

沈从文在 20 世纪 30 年代末期创作的随感《烛虚》中,对中国当时的女子教育问题表示不满,并提出他对"新女性"的看法。

沈从文认为,在当时的大学教育计划中,其实是没有什么女子教育计划的,教育部门只注意一些"男女平等"之类的空洞言辞,根本没有从实际上施行有效的女子教育。"因此教育出的女子,很容易成为一种庸俗平凡的类型",并认为:"类型的特点是生命无性格,生活无目的,生存无幻想。"[①] 沈从文倡导的"新女性",是从反对女性"类型"化开始的。

他举了三个女性"类型"的例子。这三个妇女,家庭环境都很好,受过正规教育,其中还有留学欧美的。比如某太太,她得以出国是因对妇女解放运动热心"活动"而得来的,但是,在她回国后只是以"太太"的名义在社会上讨生活。在外与他人谈妇女运动,在家里除了打麻将度日外,别无其他。沈从文认为:在事实上,她只配说是一个代表上层阶级莫名其妙活下来的女人。另一位是名媛,家世教育很好,无可疵议,但是她后来堕落为一个贪得无厌的女人。她反映了上流社会妇女愚而贪与愚而无知到

---

① 沈从文:《沈从文文集》(第 11 卷),花城出版社,1992 年,第 259 页。

惊人程度的"类型"妇女。最后一个是毕业于欧洲一所最著名女子学校的贵妇人,从她的生活看,她只是一个对物欲享受贪得无厌的妇女。"她只明白她是一个上等人,一个阔人,一个有权势的官太太,如此而已。"

这些"类型"妇女,使人想到沈从文的小说《绅士的太太》。在篇首,作者开宗明义称:"我不是写几个可以用你们石头打她的妇人,我是为你们高等人造一面镜子。"沈从文讽刺了几个上等家庭,讽刺了这些家庭中的几位太太。这些家庭中的太太,除了因为绅士总不缺少暧昧行为而与绅士争吵的"家庭战争"外,生活空虚无聊。作者在写到第二位太太时,实取了这个家庭里一天具体的生活场景:赌、吃、调情。这一组聚焦灯下的镜头,暴露了她们生活的真面目。作者还特别写了一件"新的事情",即绅士太太卷入另一绅士家庭大少爷和三娘(三姨太太)的通奸丑闻中去。从这场绅士社会"爱"的游戏中,可以看出这些绅士家庭虚伪、肮脏的生活面目和这些太太们生活的真正场景。绅士太太们从表面上看讲究礼数、客套、相互谅解、默契、设誓,这与她们骨子里的道德沦丧、堕落,恰好形成鲜明的对比。在沈从文看来,这些太太都是"类型"妇女。他提出对"新女性"的看法,希望社会上出现"新女性"。

沈从文认为,对妇女本身的幸福快乐而言,她应该懂得去关心明天和未来,只有这样,才能对生命做个更有意义更合理的安排。作为"新女性",首先应是知识女性,她应该懂得欣赏美,尽力从书本中吸收一切人类广泛的知识,看作是生命存在的特别权利。"新女性"应从旧社会的不良习惯观念中解放出来,为新社会建立一个新的人格标准。这就要求她们扩大母性爱,对人类崇高和美丽的观念或现象充满敬慕与倾心,对是非好恶反应特别强烈，对现实社会堕落与腐败能认识又能避免，对做人的兴趣也应特别浓厚，特别热忱。"新女性"还应把自己当作"人"，用人的资格，好好处理她的头脑，应用到较高文化各方面追求上去，放大她的生命与人格。

我们可以把沈从文关于"类型"女性和"新女性"的看法与他的小说《绅士的太太》联系起来看。"类型"女性和《绅士的太太》中的太太是同一类本质的，她们的生活空间被腐朽和庸俗占据着，毫无生气。和沈从文心目中那些真、善、美的歌者——湘西女性——相比，毫无生命力可言。沈从文所提出的对"新女性"的看法，是受新思想的影响和他通过对社会上的妇女现象观察思考而得来的结果。他的"新女性"观是进步的妇女观，它强调妇女的生命意识，强调她们的权利，强调她们作为"人"的资格。

沈从文构筑了规模宏大的文学世界，这个世界包括两方面内容：一是湘西世界，一是都市世界。他在构筑这两个世界时，关怀着妇女们的命运，其忧患意识是很明显的。

沈从文本人是受"五四"新思想的影响而步入文坛的。在他以前，众多政治家、思想家、学者提出他们的妇女观，为妇女解放问题奔走呼号。他的一些前辈作家们也在创作中提出严峻的妇女问题。从乡村到都市这一过程中，沈从文经历了复杂的社会生活。对现实生活的深刻理解和作家的责任感，使这位以静穆著称的作家的文字不乏呐喊之声，他在关注着中国社会的妇女的命运，关注着湘西大地乃至中国大地。

1995 年 7 月于海甸园

和谐美的探掘

——论沈从文的乡土小说

> 人的灵魂,你多么像水!
> 人的命运,你多么像风!
>
> ——歌德《水上的精灵之歌》

歌德如此脍炙人口的诗句,也许应该印证在沈从文身上,才特别令人首肯心折,才特别令人感慨唏嘘。汪曾祺说过:"沈从文在一条长达千里的沅水上生活了一辈子。20岁以前生活在沅水边的土地上;20岁以后生活在对这片土地的印象里。"① 当沈从文屡次表明他自己与水的关系时,我们可以看到,是水营造了他,营造了他的文学才华。如其所言:"从汤汤流水上,我明白了多少人事,学会了多少知识,见过了多少世界!我的想象是在这一条河水上面扩大的。我把过去生活加以温习,我对未来生活有何安排时,必依赖这一条河水。""我感情流动而不凝固,一派清波给予我的影响实在不小。……我认识美,学会思索,水对我有极大的

---

① 汪曾祺:《沈从文传·序》,见[美]金介甫:《沈从文传》,符家钦译,湖南文艺出版社,1992年,第1页。

关系。"① 是水的灵气，激发了他横海扬帆的远梦，使他这个只读过小学，连标点符号也不会用的"乡下人"，居然在到北京后不到 10 年的时间里，当了大学教授，成了著名作家。在 26 年的文学生涯中，他发表作品 648 篇，辑成 64 种文集，是中国现代文学家中成书最多的一个。鲁迅谈到新文学运动以来所出现的几个"最好的作家"，沈从文名列其中②。然而由于"历史的误解"，沈从文命途多舛，一生飘荡流转，充满坎坷，"浮沉半世纪，生存亦偶然"③。尤其是在突出政治的年代，沈从文这样一位名满天下的文学家，竟然会"像蒸发一样"，突然从文坛上销声匿迹。对此，他曾痛不欲生。最使他遗憾的是："由我自己说来，我所有作品，都还只能说是一个开端，远远没有达到我的目标。"④ 而他只能无奈地哀叹："我希望有些人不要骂我，不相信，还是要骂。根本连我写什么也不看，只图个痛快。于是骂倒了。真的倒了。但是究竟是谁的损失？"⑤

斗转星移，待到走出尘封的岁月，沈从文已经幡然一觉，而且耽于文物研究工作，已经无法再作冯妇重返文坛。然而他的文学作品却日益吸引着国内外的读者和研究者，他的乡土小说，尤

---

① 沈从文：《从文自传·我读一本小书同时又读一本大书》，《沈从文全集》（第 13 卷），北岳文艺出版社，2002 年，第 252 页。

② 尼姆·威尔士：《现代中国文学运动》，《新文学史料》，1978 年第 3 期。

③ 沈从文：《拟咏怀诗——七十岁生日感事》，《沈从文全集》（第 15 卷），北岳文艺出版社，2002 年，第 439 页。

④ 沈从文：《沈从文散文选·题记》，《沈从文全集》（第 16 卷），北岳文艺出版社，2002 年，第 386 页。

⑤ 汪曾祺：《沈从文转业之谜》，见王珑编《沈从文评说八十年》，中国华侨出版社，2004 年，第 122 页。

其令人叹服。他常说,他从事乡土文学创作主要是得益于鲁迅的影响。而那流经湘西的千里沅水,则导引着他的认知逻辑和心理动因。他一开始写作时,取材的侧重点是在湘西。后来更是以湘西为生活的开掘面,不断贴近血肉的人生,不断贴近人性的深层,不断拓展乡土小说创作并且取得辉煌成就,成为我国高踞峰巅的乡土文学作家。当时的中国,危机四伏,到处动荡不安,而他念中的故乡,屈原当年涉江行吟寻兰觅芷的湘西,沅水流域的水、水上、水边生活,"或许就与两千年前屈原所见的完全一样"[①],还可探触到他所渴望的和谐美。

从审美的视角看,沈从文的乡土小说创作,就是对和谐美的坚持不懈的探寻和挖掘。

一

文学创作是作家有意识地、自觉地创造审美价值的活动,是作家审美趣味和审美理想的体现。沈从文的小说之所以常常被人们称为"抒情小说""诗化小说",是因为他的小说富有山水田园的风情韵致,使人们得到更多美的享受,他也常常将自己的审美趣味融入小说的风物描写之中。沈从文给湘西山村小女子阿黑写的"小史",就写得很有诗情画意。小说表现的是一切皆与自然谐振的两性关系形态,当阿黑和她的小情郎五明一阵嬉闹狂欢之后,互相陪伴着走去看落坡的太阳以及天上的云霞时,作家是这样写的:

---

① 沈从文:《湘行散记·箱子岩》,《沈从文全集》(第 11 卷),北岳文艺出版社,第 278 页。

站在门边望天，天上是淡紫与深黄相间。放眼又望各处，各处村庄的稻草堆，在薄暮的斜阳中镀了金色。各个人家炊烟升起以后又降落，拖成一片白幕到坡边。远处割过禾的空田坪，禾的根株作白色，如同一张纸画上无数点儿，一切景象全仿佛是诗，说不出的和谐，说不尽的美。

——《阿黑小史·秋》

在作家这样的描述中，人和自然融为一体，叙事主体和叙事客体也融为一体，真是"说不出的和谐，说不尽的美"。这样写，也传达了作家以和谐为美的审美情趣。他的那些很有特色的文论中，在论及作家作品时，也是以和谐境界与和谐美的表现作为出发点的：

在中国，以异教特殊民族生活作为创作基本，以佛经中邃智明辨笔墨，显示散文的美与光，色香中不缺少诗，落华生为最本质的使散文发展到一个和谐的境界的作者之一（另外的周作人，徐志摩，冯文炳诸人当另论）。这和谐，所指的是把基督教的爱欲，佛教的明慧，近代文明与古旧情绪糅合在一处，毫不牵强的融成一片。作者的风格是由此显示特异而存在的。

——《论落华生》

能以清明无邪的眼观察一切，能以无渣滓的心领会一切。大千世界的光色，皆以悦目的调子为诗人所接受，各样的音籁，皆以悦目的调子为诗人所接受。作者的诗，代表了中国十年来诗歌一个方向,是自然诗人用农民感情从容歌咏而成的从容方向。爱,流血,皆无冲突,皆在那名词下看到和谐同美,因此作者的诗,是以同这一时代要求取分离样子独自存在的。

……作者为热情所下诠解,虽夸张却并不疏忽了和谐的美的要求。

——《论朱湘的诗》

很明显,和谐美不只是沈从文的审美趣味,而且是他文艺批评的标准,是他的审美理想和审美追求。他还经常以之比较别人,对照自己。比较对照是取长补短提高自己的有效途径,沈从文因此而达到别人未能达到的高度。他在《论施蛰存与罗黑芷》中指出:"以被都市物质文明毁灭的中国中部城镇乡村人物作模范,用略带嘲弄的悲悯的画笔,涂上鲜明准确的颜色,调子美丽悦目,而显出的人物姿态又不免有时使人发笑,是鲁迅先生的作品独造处"。认为鲁迅"于江南风物,农村静穆和平,作抒情的幻想,写了如《故乡》《社戏》诸篇表现的亲切,许钦文等没有做到,施蛰存君,却也用与鲁迅风格各异的文章,补充了鲁迅的说明"。他赞赏施蛰存初期小说如《上元灯》等,自有一种比较适合作者才情发挥的文体。那是"在描写上能尽其笔之所诣""略近于纤细""清白而优美",线条柔和,气氛安详,通篇交织着"诗的和谐美"。冯文炳(废名)是当时一位重要的乡土文学作家,沈从文也很欣赏冯文炳早期写农村生活和人物的作品。人们普遍认为,在现代中国作家中,沈从文和冯文炳的风格最接近,因为他们的乡土小说都属于抒情类型。沈从文自己也说:"自己有时常常觉得有两种笔调写文章,其一种,写乡下,则仿佛有与废名先生相似处。由自己说来,是受了废名先生的影响。但风致稍稍不同,因为用抒情诗的笔调写创作,是只有废名先生才能那种经济的。"①而两人的区别则用和谐审美标准来审视会看得更清楚。沈从文说,同是表现自然和谐,他和冯文炳"结果是仍然在作品上显出分歧的"。他特别把自己的《雨后》(单行本)、《夫妇》、《会明》、《龙朱》、《我的教育》(单篇)和冯文炳的《桃园》(单行本)、《竹林故事》、《火神庙和尚》、《河上柳》(单篇)相提并论,指出"……冯文炳君所显示的是最小一片的完全,部分的细微雕刻,给农村写照,其基础,其作品显出的人格,是在各样题目下皆建筑到'平静'上面的。有一点忧郁,一点向知与未知的欲望,有对宇宙光色的眩目,有爱,有憎——但日光下或黑夜,这些灵魂,仍然不会骚动,一切与自然谐和,非常宁静,缺少冲突"。②而他的作品,他仅以《雨后》为例,就显出其倾向和冯文炳的不同。"同样去努力为仿佛我们世界以外那一个被人疏忽遗忘的世界,加以详细的注解,使人有对于那另一个世界憧憬以外的认识,冯文炳君只按照自己的兴味做了一部分所欢喜的事。使社会的每一面,每一棱,皆有一机会在作者笔下写出,是《雨后》作者的兴味与成就。用矜慎的笔,作深入的解剖,具强烈的爱憎,有悲悯的情感。表现出农村及其他去我们都市生活较远的人物姿态与言语,粗糙的灵魂,单纯的情欲,以及一切由生产关系下形成的苦乐,《雨后》

---

① 沈从文:《夫妇·附记》,《沈从文文集》(第8卷),花城出版社,1992年,第393页。

② 沈从文:《论冯文炳》,《沈从文全集》(第16卷),北岳文艺出版社,2002年,第149—150页。

作者在表现一方面言，似较冯文炳君为宽而且优。"①

沈从文以和谐美作为自己的审美理想，奉之为文学创作和文学批评的圭臬。这是对中华民族源远流长的以和谐为美的优良传统的继承和发扬。据考证，甲骨文和金文中都有"和"字。《说文解字》对"和"的解释是："和，相应也。"而"谐"就是"配合得当"之意。今人康殷在《文字源流浅说》中对"和谐的和"其本源详加考订，认为"前人释为排箫之类乐器"是正确的。排箫排列着长短不齐的管子，能产生高低不同快慢不等的音调、音色、音响，吹出和谐美妙的曲子。《书·舜典》说："诗言志，歌永言，声依永，律和声，八音克谐，无相夺伦，神人以和。"在这里，和谐不仅是指音乐的本质，而且是为人应当自觉追求的崇高境界。《国语·郑语》载，周幽王八年，郑桓公与史伯谈论"兴衰之故"和"死生之道"，史伯说："虞幕能听协风，以成乐万物生者也。夏禹能单平水土，以品处庶类者也。商契能和合五教，以保于百姓者也。周弃能播殖百谷蔬，以衣食民人者也。"这是对和谐思想重要性十分精辟的阐明。从很古远的时代起，中国的美学家就常常把和谐作为一个根本的原则或者一种理想的形态，很注重从人与政治、人与物质、人与自然、人与社会的关系中求得和谐。儒家的"中庸"侧重于政治品德方面；墨家的"非乐"侧重于物质利益方面，即我与利的和谐统一；道家从人与自然的关系出发，强调"天地与我并生，而万物与我为一"，注重人与自然的和谐统一，追求德行的完整和精神的完美；法家则从人与社会的关系上，强调个人应按客观事物发展的规律行事，方能取得事业的成功，主张个

---

① 沈从文：《论冯文炳》，《沈从文全集》（第16卷），北岳文艺出版社，2002年，第150页。

体行为和社会功利的和谐统一。中国历朝历代很多文人墨客为文为诗，论文论诗，都非常尊崇和谐美的形态和原则。南宋姜夔《诗说》称："三百篇，美刺箴怨皆无迹，当以心会心。"这是对和谐美的形态和原则十分简明扼要又切中肯綮的说明。

中华民族以和谐为美的思想，是精深博大的民族文化和薪传久远的民族美德的集中体现。沈从文的文论中，论文论人，常常言必称和谐，足见这种闪耀着人生智慧，启示着人文睿思的优良传统对他的影响之深。这种影响，很自然地使他以和谐美作为他的审美理想和审美追求，尤其突出地表现在倾注了他全部热情、以湘西为创作基地的乡土小说创作中。

二

湘西之于沈从文，实在太重要了，它是沈从文寄托文学理想、施展文学才华的天然舞台。他早年生活的湘西，愚野荒蛮，是未被现代文明浸染的处女地。这个偏于中国南方的"一角小隅"，因远离尘嚣，亲近自然，有着美山丽水并保持着中古堡塞遗风。在沈从文看来，这样的地方，既封闭保守，又和谐统一：

> 一切事保持一种淳朴习惯，遵从古礼；春秋二季农事开始与结束时，照例有年老人向各处人家敛钱，给社稷神唱木傀儡戏。旱暵祈雨，便有小孩子共同抬了活狗，带上柳条，或扎成草龙各处走去。春天常有春官，穿黄衣各处念农事歌词。岁暮年末居民便装饰红衣傩神于家中正屋，捶大鼓如雷鸣，苗巫穿鲜红如血衣服，吹镂银牛角，拿铜刀，踊跃歌舞娱神。

——《从文自传·我所生长的地方》

这个充满着神秘而奇丽色彩的化外之地，无疑孕育了他深挚的桃源寻梦情结和他的和谐审美情趣，蕴藏着他所要探掘的和谐美。

人性人情美，是沈从文乡土小说和谐美的核心审美内涵。文学和人性的关系问题，历来是备受关注的问题。什么是人性？人性就是人在一定条件的影响下形成的本性。人性的两极是美善和丑恶，美善为优，丑恶为劣。极美善或极丑恶，在文学话语中，通常喻之为神性或魔性。人情指人的感情，也指人与人的关系。有美的人性，就会有美的人情，人性美与人情美是一致的。沈从文没有直接呼吸到"五四"新文化的空气，因而他与"五四"时期许多激进的知识分子在文化视野、探索问题的角度等方面都有明显的不同。当他在文坛初露头角时，"五四"个性解放的狂潮已经进入尾声，"人性"已经言人人殊，后来经过意识形态强势语言的解读发挥，甚至成为讳莫如深的话题。沈从文则坦言："我只想造希腊小庙。选山地作基础，用坚硬石头堆砌它。精致，结实，匀称，形体虽小而不纤巧，是我理想的建筑。这神庙供奉的是'人性'。"① 他要从揭示人性入手，探索中国的出路，乃至人类的出路。沈从文通过创作乡土小说揭示人性，是对鲁迅的继承和发展。沈从文崇敬鲁迅，称赞鲁迅："于乡土文学的发轫，作为领路者，使新作家群的笔，从教条观念拘束中脱出，贴近土地，挹取滋养，新文学的发展，进入一新的领域，而描写土地人民成为

---

① 沈从文：《习作选集代序》，《沈从文全集》（第9卷），北岳文艺出版社，2002年，第2页。

近二十年文学主流。"① 鲁迅的乡土文学就是揭示人性的，并且以批判中国几千年封建文化的淤积和强大的惰力造成的国民劣根性而树立了历史的丰碑。这些被奉为经典的作品，都收入《呐喊》和《彷徨》。毋庸置疑，鲁迅对国民劣根性的揭示，振聋发聩，对于引起疗救的注意具有重大而深刻的认识意义。然而很明显，劣根性不是国民根性的全部，如果国民都只有劣根性，或者只知道自己的劣根性，那么国家和民族将不可救药。鲁迅的《呐喊》出版于1923年，《彷徨》出版于1926年。事隔多年之后，鲁迅于1933年为这两部小说集题诗：

> 弄文罹文网，抗世违世情。
> 积毁可销骨，空留纸上声。

——题《呐喊》

> 寂寞新文苑，平安旧战场。
> 两间余一卒，荷戟独彷徨。

——题《彷徨》

"空留纸""独彷徨"，足见鲁迅对国民根性探索所陷入的困境和孤军深入的焦虑。因为他只看到国民的劣根性，并且对这种单向思维已久而生疑却无从自拔，自己的处境又是背腹受敌。站在巨人肩上，可以看得更远。沈从文要让人们了解国民根性的全

---

① 沈从文：《学鲁迅》，《沈从文全集》（第16卷），北岳文艺出版社，2002年，第287页。

部，更要了解国民的优根性。而国民的优根性，就体现于他在湘西所探触到的人性美之中。

沈从文笔下的人性美，就是对人类之爱的颂扬。他在论及美与爱的关系时指出："一个人过于爱有生一切时，必因为在一切有生中发现了'美'，亦即发现了'神'。必觉得那个光与色，形与线，即是代表一种最高的德性，使人乐于受它的统制，受它的处治。人类的智慧亦即由其影响而来……"[①]沈从文所"供奉"的"人性"，就是这样美善的人性，是神圣的，是和人类的爱融为一体的。他的乡土小说最突出的特色是颂扬人性美，也就是颂扬人类之爱。为此，他不畏艰难困苦在文学的崎岖山路上攀登。他自己说，他的文化是最低级的。然而他富于创新精神，善于在文体与主题上做各种不同的试验，不断积累创作经验。他认为到了1929年他的作品才比较成熟，文字才比较通顺。赵园曾经很中肯地指出，沈从文某些早期作品，比如《长夏》（1928年）、《篁君日记》（1928年）之类，无论题材性质还是格调，看不出与流行一时的张资平、叶灵凤的作品的区分。《野店》《赌徒》《卖糖复卖蔗》《鸭子》等等，却又在无聊赖地把生活中的琐屑故事敷衍成篇。而那些极为新鲜、生气流溢的湘西生活材料也未脱出"原料"状态，并没有被真正"审美地"组织起来[②]。确实如此。沈从文的早期作品，因为还处于"尝试"阶段，作者对人生和现实的思考还没有上升到理性高度，艺术审美也还贫乏，存在这样那样的问题都是可想而知的。不过也应该看到，沈从文早期的作品中，有些还是具有立标杆的意义

---

① 沈从文：《美与爱》，《沈从文全集》（第17卷），北岳文艺出版社，2002年，第359页。

② 赵园：《沈从文构筑的"湘西世界"》，《文学评论》，1986年第6期。

的。例如《雨后》《柏子》《阿金》等篇,已经表现出作者建筑"人性"神庙的努力与和谐审美的价值取向。四狗和采蕨姑娘在雨后天气里的任情放荡,柏子用一两个月的板带钱换来一次吊脚楼上的"一种丑的努力",阿金不顾一切的爱美之心,无不是人性本真和人类原生态和谐美的写照。用沈从文自己的话来说,就是"表现了人生最真切的欲望",具有很强的震撼性和感染力。

《边城》是沈从文讴歌人性美的代表作,也是享誉中外的经典之作。美国学者金介甫指出:"单是这篇经典性作品就够得上使沈从文成为伟大作家。……总有一天会对沈从文做出公正评价:把沈从文、福楼拜、斯特恩、普罗斯特看成成就相等的作家。"①这部将近七万字的中篇,围绕着翠翠的爱情纠葛展开。翠翠、爷爷、码头船总和他两个儿子天佑大老、傩送二老等人,个个心地善良,能处处先为别人着想。生活在边城一带的人,都互相友爱尊重,和睦相处,乐意成人之美。《边城》反映了沈从文心目中人类至美至爱的德性,使人性升华到审美的极致。作家对人性美人类爱的表现是视角多变的,内容丰富的。《牛》《龙朱》《媚金·豹子与那羊》《旅店》《三三》《长河》等篇,各从不同的侧面挖掘闪光的人性,展示人性美的多彩多姿,极大地给读者以积极的道德影响和审美享受。

沈从文笔下的人性美,也是热爱生命的赞歌。作为竭力运用文学表现人生理想的作家,沈从文思考宇宙与人生的关系时,深感宇宙是个"极复杂的东西"。应该注意的是:"人心复杂,似有过之无不及。然而目的却显然明白,即求生命

---

① [美]金介甫:《沈从文传·引言》,《沈从文传》,符家钦译,湖南文艺出版社,1992年,第2—3页。

永生。"① 他在文论中，经常表示对人生、对生命的关切。在《新的文学运动与新的文学观》中，他指出："个人是国家一个单位，生命虽然渺小而脆弱，与蝼蚁秕糠，不相上下。然而纵如蝼蚁秕糠，只要不缺少向上信心，即可以完成许多大事！"沈从文非常关心下层人民，他的作品中，对渺小脆弱的生命，总是怀有"不可言说的温爱"。《萧萧》是有代表性的一篇。15岁的童养媳萧萧，被流浪汉花狗大用山歌唱乱了心，"这个十年后预备给小丈夫生儿子继香火的萧萧，肚子已被另外一个人抢先下了种"。这了不得的大事被发现后，萧萧想过许多办法：悬梁、投水、吃毒药。毕竟她年纪还太小，受到那些荒谬的道德规范的影响还不深，在羞惭与求生之间她选择了求生。萧萧的伯伯虽然知道是件丢脸的事，但他不忍将萧萧沉潭。萧萧与肚里的孩子幸存下来了，美好的人性也得以保存。沈从文也经常强调，生命的意义在于肩负起个人对振兴民族的责任，弱小的生命要有"向上的信心"才能"完成许多大事"。因此，他明显地赞美被妇人称为"一只公牛"的永远不知疲倦的柏子（《柏子》），身体强壮如豹子的四狗（《雨后》），在蓝蓝的苍穹下野合撒欢无视过往路人的夫妇（《夫妇》），本身就是一头周身散发着光与力的狮子的龙朱（《龙朱》），黑脸宽肩虎虎有生气的傩送二老（《边城》）。至于人应该怎样生活，"生气力"才能保存和发展！《虎雏》反映了作家对此所做的探索。这是一个有生活原型的故事。小说写"我"决心让一个"品貌出色"而野性未驯的小兵虎雏脱下军装，接受城市文明的教育，把他培养成为一个名人。可是，不到两个月，这个少年犯了人命案，逃离了

---

① 沈从文：《烛虚》，《沈从文全集》（第12卷），北岳文艺出版社，2002年，第24页。

城市。出了这件事后,"我"对"一个野蛮的灵魂,装在一个美丽的盒子里"感慨万千。小说旨在说明,人的健康发展要与自然环境相和谐,而当时的城市生活,根本不能为一种质朴和自然的人性提供生存与发展的空间。这个小兵真实姓名叫赵祖送,几年后作家回到湘西见到他时,称之为"豹子"。他"眉眼还是那么有精神,有野性",才18岁便当上了副官。作家在《湘行散记·虎雏再遇记》中一再强调说:"一切水得回归到海里,小豹子也只宜于深山大泽方能发展他的生命。"沈从文所赞美的生命,都灌注着淋漓的元气,更多的是带有湘西原始野性的自然之美。

天人合一美,是沈从文乡土小说和谐美的崇高审美境界。沈从文所构造的湘西世界的人性人情美,是人与人关系中的真善美;世界上还有"天人合一"美,这就是人与自然关系中的真善美。中华民族和谐稳定的性格特征源自中国哲学"天人合一"的悠久传统。沈从文把人与自然的关系描绘得极其和谐美好。《边城》中的爷爷、翠翠,是和生活环境毫无间隔地谐和的"自然人"。爷爷守在溪边50年,把船来去不知渡了多少人,而决不肯沾人家一点便宜,有颗金子般的心。最后一夜雷雨大作,渡船被冲走,屋后的白塔坍倒,他也死了。小外孙女叫"翠翠",是因为"住处两山多竹篁,翠色逼人而来,老船夫随便给这个可怜的孤雏,拾取了一个近身的名字"。翠翠周围到处是竹,她是竹的化身,竹是她的保护神,她一受到惊动,就要投入竹林的怀抱。小时候遇到陌生人,她都"作成随时皆可举步逃入深山的神气"。长大后爱上了傩送二老,听到他叫喊渡河,少女的害羞之情使她不禁"大吃一惊,同小兽一样回头便向山林里跑掉了"。爷爷去世之后,她又用竹筏子作临时渡船摆渡溪上来往的人。人和周围景物就是这样共生共存难弃难离地融为一体。

《边城》中还呈现了丰富的民俗文化景观，例如有关端午节的大篇幅描述，独特的"马路"婚俗，还愿的火燎鼓角，田坪中的酬神活动，等等。浪漫色彩的浓重，令人眩目，使《边城》绽放着和谐的至美。类似这种写法当然很多，《我的小学教育》中的木傀儡戏，《长河》中的敬神唱戏、过年还愿等等，繁多的民俗事象，使小说天地人和的地方特色格外浓郁。《月下小景》《神巫之爱》《龙朱》等篇，既源于湘西习俗民风，又充满传奇色彩和浪漫想象。沈从文乡土小说浓重而奇丽的民俗画卷情调，增添了人与自然谐振律动的情韵。

得心应手的景物描写是沈从文展示天人合一美的重要手段。沈从文说，"我平常最会想象好景致，且会描写好景致"。[①]他的笔触一落到人物活动的环境上，顿时情景交融契合，既天籁浑成，又生动传神：

> 日子平平的过了一个月，一切人心上的病痛，似乎皆在那份长长的白日下医治好了。天气特别热，各人只忙着流汗，用凉水淘江米酒吃，不用什么心事，心事在人生活中，也就留不住了。翠翠每天皆到白塔下背太阳的一面去午睡，高处既极凉快，两山竹篁里叫得使人发松的竹雀和其它鸟类又如此之多，致使她在睡梦里尽为山鸟歌声所浮着，做的梦也便常是顶荒唐的梦。

——《边城》

河边下午景色特别明丽，朱叶黄华，满地如锦如绣。回

[①] 沈从文：《泊缆子湾》，《沈从文全集》（第11卷），北岳文艺出版社，2002年，第139页。

头看吕家坪市镇，但见嘉树成荫，千家村舍屋瓦上，炊烟四浮，白如乳酪，悬浮在林薄间。街尾河边，百货捐税局门前，一支高桅杆上，挂一条写有扁阔红黑大字体的长幡信，在秋阳微风中飘荡。几十只商船桅尖，从河坝边土坎上露出，使人想象得出那里河滩边，必正有千百纤夫，用谈笑和烧酒卸除一天的劳累。对河大坳上，老水手住的祠堂前，那几株老枫木树挺拔耸立，各负戴一身色彩斑斓的叶子，真如几条动人的彩柱。……看来一切都象征当地的兴旺，尽管在无章次的人事管理上，还依然十分兴旺。

——《长河·秋（动中有静）》

在这些景致中，人与自然环境是和谐友好的。生活中虽然有哀愁，有艰辛，但在自然的怀抱中，人们都自得其乐，周围的一切仿佛也乐其所乐。这种天人合一的境界，在作家自然流丽的笔墨中，仍然是至高至美的境界。

"山不在高，有仙则名；水不在深，有龙则灵。"沈从文湘西世界的山山水水，就因为活动着翠翠、夭夭、三三、媚金、傩送、龙朱、虎雏等如仙如龙的人物，才那么得天地之灵秀而名扬四海，沈从文才会成为岁月的烟尘无法湮没其文采风流的乡土文学作家，而从边城凤凰走向世界。

三

在人类文明的生成历史中，和谐审美文化始终伴随其间。沈从文构造的湘西世界，是他审美理想的体现，也是他社会理想的寄托。作为作家，不论写什么，怎样写，文学毕竟是现实社会的反映，而负责任的作家，总会做出正确的反映。

因为不满湘西黑暗、罪恶的统治，1922年，20岁的沈从文只身远离湘西到北京，结束了20年噩梦般恐怖的生活。然而，都市的所见所闻却让他十分失望。他说："我发现在城市中活下来的我，生命俨然只淘剩一个空壳。"① 在城市的现实生活中，他几乎找不到自己的精神家园，转而十分怀念湘西还未被现代文明污染的人性美、人情美。但是很遗憾，阔别18年之后，沈从文回到湘西时，"……什么都不同了。表面上看来，事事物物自然都有了极大进步，试仔细注意注意，便见出在变化中那点堕落趋势。最明显的事，即农村社会所保有那点正直素朴人情美，几乎快要消失无余，代替而来的却是近二十年实际社会培养成功的一种唯实唯利庸俗人生观"。② 难能可贵的是，他没有因此而绝望，因此他写了《边城》。他认为："《边城》中人物的正直和热情，虽然已经成为过去了，应当还保留些本质在年青人的血里或梦里，相宜环境中，即可重新燃起年青人的自尊心和自信心。"③ 基于这样的创作思想，沈从文把《边城》的和谐美表现得特别令人心向往之。但是，沈从文并没有把一切写得尽善尽美。这里请注意，沈从文对冯文炳的乡土小说中，灵魂"不会骚动"，一切"缺少冲突"

---

① 沈从文：《烛虚》，《沈从文全集》(第12卷)，北岳文艺出版社，2002年，第23页。

② 沈从文：《长河·题记》，《沈从文全集》(第10卷)，北岳文艺出版社，2002年，第3页。

③ 沈从文：《长河·题记》，《沈从文全集》(第10卷)，北岳文艺出版社，2002年，第5页。

曾经颇有微词。人们在欣赏《边城》时，常常会发现孔雀开屏而腚后往往露出的尴尬。翠翠从小就在爷爷的呵护下生活、成长，但她来到了世上，父母却双双殉情弃她而去。围绕着她展开的爱情故事的结局是："将人生的有价值的东西撕破给人看"。傩送二老豪爽善良，但他真诚专一的爱却交织着误解和痛苦。尤其是天保大老翻船淹死的打击，使他负气出走，归期难料。老船工和船总顺顺的交情也是若即若离。老船工和船总很亲热，但在船总面前总是显得很卑下，天保大老出事后，老船工总是感到顺顺的冷淡，"却仿佛什么地方有了个看不见的缺口，始终无法填补起来"。小说的最后，也见出人情的冷暖。老船工风风雨雨摆渡50年，和多少人同舟共济结下友谊，而给他送终的却只有寥寥三五人，世道浇漓于兹可见。《边城》用人性描绘了一个瑰丽而温馨的世界，无疑给人以充满着爱和美的感觉，然而只要细心审察，就能洞见其中确有很多苦恨辛酸，很多不美和缺憾。

《菜园》《牛》《七个野人与最后一个迎春节》《长河》等篇，是在审美和审丑的结合中，鲜明地表现作家的爱憎感情。《菜园》写玉家一对年轻夫妇突遭屠杀，同时遇害的还有三人，他们的"罪名"都是"共产党"，玉母后来也自缢身亡。作家在写一个和谐幸福的家庭被彻底毁灭，揭露统治者残暴不仁的同时，也写了玉家青年的诸多人生美德，流露出超然于党派之外的沈从文对共产党人高贵品质的赞扬。他的乡土小说写到共产党员被杀的还有《新与旧》，受害者是两个年轻的小学教员，但是连将他们斩首示众的刽子手也不知道为什么要杀他们。作家在这些小说中表现的立场，和在散文《胡也频记》中所表现的是完全一致的。《牛》中的大牛伯爱牛如命，其善良朴实感人肺腑，但是最后他的小牛却和荡里所有的牛一样，全被衙门征发到一个不可知的地方去了。作家所反映的社会现实，和白居易在《卖炭翁》里所反映的有什么不同？《七个野人与最后一个迎春节》，以湘西"改土归流"为背景，表现了作家对人类文明进程的思考。现代文明的发展是不可抗拒的，但它对古朴生活的残暴入侵也会灭绝人性，造成罪恶。北溪七个勇敢如狮的男人，因受不了国家机构和社会组织的约束，逃入深山。就在他们和村民们共庆迎春节而尽情狂欢时，被官军当作奸匪全部歼灭。读者从小说中看到的是，这种毫无人性的社会改革，真不如让人回到穴居野人时代！《长河》是沈从文没有写完的长篇小说。黄永玉说："它该是《战争与和平》那么厚的一部东西啊！照湘西人本分的看法，这是一本最像湘西人的书。可惜太短。"[1] 这部处于作家巅峰期的作品，反映了作家开掘生活探视人性的用力之勐。在这计划宏大而未能完成的画卷中，夭夭、老水手、三黑子等人，除了和《边城》的翠翠、爷爷、傩送等人一样纯朴善良外，在剧变复杂的现实面前，他们都有了较为清醒的自我意识。然而，他们都不得不面对许多人生疾苦，特别是"新生活"造成的纷扰和恐慌。《上城里来的人》，是沈从文最敢于直面惨淡人生的一篇。小说开篇就写"一个坏运气落到了众人头上"，是军队对老百姓"动手"，"轮到了牛，轮到了羊，轮到了财物"，又轮到了妇女。他们把妇女编排成队，逐个传叫奸淫。一位农妇对此态度极为反常。她因为见多不怪，认为军队强奸妇女是常事，但是她的表妹是黄花闺女，还没有被叫到就吓得脸色难看，双脚发抖。她责怪表妹："我的天，你这样胆小！一个女人总有一次的事，怕什么？我是不怕的。他们用完了就会走路，不是

---

[1] 黄永玉：《比我老的老头》，作家出版社，2003年，第63页。

么?"她还开导说:"不要怕,让他吃,让他用!……听他们去,不过一顿饭功夫就完事。"农妇灵魂的扭曲实在令人吃惊,但是这种表面近于麻木的扭曲饱含着难以诉说的苦痛。

沈从文把湘西的良风美俗融入作品中,使自然和谐的意境别具风味诱人痴迷。然而,民俗并不都是纯审美的,作家也无意掩盖这块封建闭塞的土地上戕害人性的流俗、陋俗和恶俗。少不更事的萧萧负上"不贞"的罪名,按照当地的习俗,应该被"沉潭"或"发卖",后来因为生下了"声响洪壮"的儿子,才逃过了劫数(《萧萧》)。同样"失贞"的巧秀的妈妈就没有这么幸运,她的情人打虎匠被捶断了双脚,她也被照老规矩处以沉潭(《巧秀和冬生》)。翠翠的父母双双殒情(《边城》),阿金得不到一心追求的美妇(《阿金》),皆因不良习俗所致。《月下小景——新十日谈之序曲》,是反映作家批评不良习俗的很典型的一篇。傩佑和他的情人热恋缠绵,可是当地存在着一种习俗——认为处女是一种有邪气的东西。因此,"女人同第一个男子恋爱,却只许同第二个男子结婚"。风气所及,"第一个男子可以得到女人的贞洁,但因此就不能够永远得到她的爱情"。傩佑和他的情人都希望能够得到对方的贞洁和爱情,可是却没有能力和这个来源极古的习俗作对,否则,不是被沉潭,就是被抛到地窟窿里去。尽管他们都认定"没有船舶不能过河,没有爱情如何过这一生?"但是万般无奈之下,他们只好选择一死,表示对这种恶俗的反抗。沈从文在《凤凰》一文中曾经指出,当地人好鬼信巫的情绪因为环境特殊,热烈专诚到不可想象的地步。这就说明,迷信是产生不良习俗的一个原因。湘西还有落洞、放蛊、行巫等非常盛行的陋恶习俗,也是迷信的产物,作家并不视之为构建和谐的因素,而是视之为造成悲剧的根源。

沈从文的小说创作使用两套笔墨：一套写乡村，面对朴拙自然；一套写都市，面对现代文明。沈从文最痛心疾首的是，城市的现代社会，已经被官僚、政客、肚子大脑子小的富商巨贾以及三流学者文人弄得到处丑陋。现代化的真正意蕴并不被多少中国人接受，而现代文明却和中国的封建文化汇成一种"虚伪和呆板的混合物"①，侵蚀中国人的肌体，腐蚀中国人的灵魂。沈从文的都市小说，是对现代文明的特殊反拨，也是对乡土小说和谐美的有力衬托。倒过来，反映在乡土小说中的田园牧歌式的和谐生活，是对都市文明的强烈反讽。

"性"是人性的重要组织部分，是人性的主要表现形式之一。柏格森的生命哲学和弗洛伊德的精神分析学说传入中国后，以性为审视对象的文学创作有了新的发展，成为表现人的本性的重要内容。例如在《采蕨》《雨后》《阿黑小史》等篇中，作家描写湘西青年男女之间灵与肉的追求与满足，并把美丽的自然风光和人物的感情交流糅合一处，达到一种富有诗情画意的境界，是一种最美的和谐。"性"成为生命力的象征，成为值得欣赏和讴歌的对象。沈从文以此来观照城市人，引出了严重的"阉寺性"问题。《有学问的人》写有学问的天福先生爱上了妻子的同事，女方楚楚动人，而且对他情意绵绵。他俩人约黄昏后，环境非常有利。他多么想吻吻她那富有性感的樱桃小嘴，又多么想捏捏她那纤细柔嫩的小手。然而任由女方传情示意，他始终不敢越雷池一步。"他并不照女人的希望去作，却呆想。"这实在是讽刺既有性饥渴，又患性无能的城市人的绝妙好词。作家笔下城市人的人性残缺、人格变态，

---

① 沈从文：《看虹摘星录·后记》，《沈从文全集》（第16卷），北岳文艺出版社，2002年，第345页。

多数和"阉寺性"有关,而城市腐朽糜烂的生活还表现在很多方面。《绅士的太太》是作家为照出高等人的荒淫和虚伪而造的一面镜子。在表面温良恭俭有礼有节甚是融洽的掩盖下,绅士家的男男女女却挖空心思互相蒙骗,上演着乱伦、通奸的丑戏。结构巧妙,写法别致,对都市人性批判力度很足的是《八骏图》。此中的教授都博学儒雅,庄重老成。他们都遵行上等知识分子社会通用的行为规则,却因此而扭曲了自己的天性,成了精神上的阉人,并产生了种种畸形性变态。教授甲枕旁帐里置有香艳诗集,挂有半裸美女广告,窗台上放着保肾药。此君性机能显然已经很衰竭,却转向了极度意淫。在作家的生动描述中,从甲至辛教授八人种种奇特表演有如八仙过海各显神通。其中最耐人寻味的是达士先生,他原来是批判别人的,认为别人都像"有一点病",并自称是"医生",但最后他也为海滩上的神秘女郎想入非非,乃至向未婚妻谎称害了病而推迟归期。《楼居》《道德与智慧》《俊之先生传》等篇,反映城市人不仅生命力萎缩,道德沦丧,而且缺乏个性和创造性,他们除了物质欲望异常发达外,情感理智一片空白。沈从文的城市小说,也有用肯定的眼光来审视城市人的。《如蕤》《薄寒》《一个女剧员的生活》等,就表现了他对几个胆大的、有进取心的知识女性的赞许。《大小阮》则是颂扬在城市中成长起来的革命知识青年小阮。不过这样的作品为数不多。沈从文是从国家的前途命运出发来关注人性问题的,他特别强调:"爱国也需要生命,生命力充溢者方能爱国。至如阉寺性的人,实无所爱,对国家,貌作热诚,对事,马马虎虎,对人,毫无情感,对理想,异常吓怕。"[①]

[①] 沈从文:《生命》,《沈从文全集》(第12卷),北岳文艺出版社,2002年,第43页。

作为对现代文明的特殊反拨，沈从文笔下的城市人，多数是于自己无补于社会无益的多余人；他笔下的城市人生世相文化景观，也饱含着他对城市的深重失望和愤慨。

和谐、美，这是沈从文乡土小说的两个最重要的主题词。和谐是杂多的统一，不和谐因素的协调；和谐的就是美的，不和谐的就是不美的。在沈从文面对的现实社会，无论农村还是城市，各种矛盾冲突、各种不和谐因素，都是层出不穷的，而且很多很多是很难统一和协调的。然而，当他以和谐的审美方式构筑他的乡土小说世界，专笃而坚韧地探寻和挖掘和谐美时，他的和谐审美理想犹如灿烂的阳光，能使坚冰化作清泉，能使阴霾化作虹霓，能使大地生命盎然，能把一切都协调得自然和谐而美妙非凡。总之，沈从文从事乡土文学创作的时代，"桃源望断无寻处"，连他念念难忘的湘西故乡的人性美人情美，也已经成了非常遥远的梦。因此，他的乡土小说的和谐美，其实就是对往昔生命强力和自然野性的留恋，对未来真正和谐美好的渴望。这种和谐美，超拔现实，寄托理想，能给人以生活的希望，激发人们对未来的信心和勇气。

四

作家写什么、怎么写、为什么写都可以从作家的心路历程中寻找答案。沈从文独特的心路历程，源于他富有传奇色彩的经历，而他经常提起的是水边生活的情景，次之便是目睹杀人的场面。前者对他的最大影响是热爱自然，努力寻求天人合一的和谐境界；后者对他的最大影响是热爱生命，努力发现人性美，并且以之作为乡土小说创作必须围绕的核心。辛亥革命失败后，他那小城周围的苗族同胞受到了疯狂的镇压，残酷的杀戮继续了大约一个月，

杀人杀得"人头如山,血流成河"。那些杀人的场面成了这位作家一生挥之不去的梦魇:

> 我那时已经可以自由出门,一有机会就常常到城头上去看对河杀头。每当人已杀过赶不及看那一砍时,便与其他小孩比赛眼力,一二三四屈指计数那一片死尸的数目。或者又跟随了犯人,到天王庙看他们掷筊。看那些乡下人,如何闭了眼睛把手中一付竹筊用力抛去,有些人到已应当开释时还不敢睁开眼睛。又看着些虽应死去还想念到家中小孩与小牛猪羊的,那分颓丧那分对神埋怨的神情,真使我永远忘不了。
>
> ——《从文自传·辛亥革命的一课》

沈从文很沉痛地说:"我刚好知道'人生'时,我知道的原来就是这些事情。"① 而从14岁起,他就参加了半军半匪的部队,经历了各种残酷的演绎。他亲眼看到军队砍下无辜苗民和农民的人头无数,过了五年不易设想的痛苦怕人的生活。他还经常见闻人民群众之间不同姓族因小事纠纷而引起的非常野蛮的仇杀,他在小说中渲染了这种仇杀的残酷和荒诞:

> 过去一时代,这仇视,传说竟到了这样子。两方约集了相等人数,在田坪上极天真的互相流血为乐,男子向前作战,女人则站在山上呐喊助威。交锋了,棍棒齐下,金鼓齐鸣,软弱

---

① 沈从文:《从文自传·辛亥革命的一课》,《沈从文全集》(第13卷),北岳文艺出版社,2002年,第271页。

者毙于重击下，胜利者用红血所染的巾缠于头上，矛尖穿着人头，唱歌回家，用人肝做下酒物，此尤属平常事情。最天真的还是各人把活捉俘虏拿回，如杀猪般把人杀死，洗刮干净，切成方块，加油盐香料，放大锅中把文武火煨好，抬到场上，一人打小锣，大喊"吃肉吃肉，百钱一块"。凡有呆气汉子，不知事故，想一尝人肉，走来试吃一块，则得钱一百。然而更妙的，却是在场的另一端，也正有人在如此喊叫，或竟加钱至两百文。在吃肉者大约也还有得钱以外在火候咸淡上加以批评的人。

——《渔》

如此恐怖的情景令人不寒而栗！人性中的魔性无疑是对生命的最大威胁，这使沈从文对人、对生命、对人生形式产生了强烈的忧患意识，"对人生远景凝眸"。珍惜人性的美，珍惜人类的爱，这是人性中的魔性的反作用把他的思绪引向深刻的人类命运冲突，唤起了他对人性、对生命的崇高体验。

沈从文明确表示，他所表现的"人生形式"，是一种"优美，健康，自然，而又不悖乎人性的人生形式"①。这种人生形式体现了人性美，突出地展示在《边城》《长河》《龙朱》《虎雏》《柏子》《雨后》《旅店》《阿黑小史》等篇中。而当民族的生存受到严重威胁时，他尤其"赞美胆量大的，精力强的"②。早期的评论家苏

---

① 沈从文：《习作选集代序》，《沈从文全集》（第9卷），北岳文艺出版社，2002年，第5页。

② 沈从文：《萧乾小说集题记》，《沈从文全集》（第16卷），北岳文艺出版社，2002年，第324页。

雪林，注意到沈从文整天把"雄强""犷悍"挂在嘴边，因此指出："我看就是想借文字的力量，把野蛮人的血液注射到老迈龙钟颓废腐败的中华民族身体里去使他兴奋起来，年青起来，好在廿世纪舞台上与别个民族争生存权利。"[1] 这种见解，是符合实际的。抗日战争中，在云南西南联大任教的沈从文撰文提出："……相信坚持抗战必然翻身。就为的是这战争背后还有个壮严伟大的理想……不特是我们要发展，要生存，还要为后来者设想，使他们活在这片土地上更好一点，更象人一点！我们责任那么重，那么困难，所以不特多数知识分子必然要有一个坚朴的人生观，拉之向上，推之向前，就是作生意的，也少不了需要那么一分知识，方能够把企业的发展与国家的发展放在同一个目标上，分途并进，异途同归，抗战到底！"[2] 以此可见，沈从文探寻人性美时，他很关心人的生存和发展，更关心国家民族的生存和发展。这里沈从文提到的"多途并进，异途同归"，明显地和一个实际情况有关。延安共产党方面，曾拟邀请10位作家去延安，愿意提供写作方便，沈从文是其中之一，另外还有茅盾、巴金、老舍、曹禺、萧乾、孙伏园等人。沈从文因此和曹禺、萧乾、孙伏园几人一道，从武汉到长沙八路军办事处拜访徐特立老人。徐老欢迎他们去延安，说那里可以自由写作；并表示，留在后方做团结工作也很重要，后方得到安定，才能持久抗战。这次与徐老会面，沈从文深感作为中华民族一分子，自己身上责任的重大，决心运用手中的

---

[1] 苏雪林：《沈从文论》，原载《文学》1934年第3卷第3期，收入王珞编《沈从文评说八十年》，中国华侨出版社，2004年，第189页。

[2] 沈从文：《云南看云》，《沈从文文集》（第10卷），花城出版社，1992年，第81—82页。

一支笔，为民族的翻身努力[1]。在此之后，沈从文在执教的同时，着手创作长篇小说《长河》。小说主要揭示湘西人民对外的爱国热情和在内遭受的压迫欺凌。原计划写四卷，但第一卷发表时就受到严重的删削阻挠，后来又和散文《云南看云》《记丁玲续编》一起受到查禁，成了一部没有写完的长篇。尽管如此，出现在小说中的夭夭、三黑子、老水手等心性美善的人物，无不具有鲜明的时代色彩，反映了作家发掘人性美的深入。

关注人性，珍惜人性的美、人类的爱，使沈从文把乡土当作心灵的故乡，回归乡土深入感悟人生的秘谛。这种感悟，使他文思泉涌，文采飞扬。他能够在一件事上产生50种联想[2]，在创作中探索和驾驭绰约多姿的文体。他丰富的联想，让很多评论家叹为观止；他富有创造性的文体，对很多作家产生了日益广泛而深入的影响。他的全部艺术构思和艺术创造始终围绕着人性美这个核心。这种人性美，就是人类品质的理想。在作品自然和谐的氛围中，在田园牧歌的境界里，人们深深地感受到"诗意地栖居"的温馨和愉悦。但是切莫忘记了沈从文那沉重的忧虑，"……你们能欣赏我故事的清新，照例那作品背后蕴藏的热情却忽略了，你们能欣赏我文字的朴质，照例那作品背后隐伏的悲痛也忽略了，"[3]沈从文的热情，就是坚持不懈地探寻和挖掘和谐美，而他

---

[1] 凌宇：《沈从文传》，北京十月文艺出版社，1993年，第353—354页。

[2] 沈从文：《阿丽思中国游记·后序》，《沈从文全集》（第3卷），北岳文艺出版社，2002年，第4页。

[3] 沈从文：《习作选集代序》，《沈从文全集》（第9卷），北岳文艺出版社，2002年，第4页。

构造的和谐境界,表面上"美刺箴怨皆无迹",实则遮蔽了诸多矛盾冲突所造成的哀伤苦痛。要消除种种哀伤苦痛,要得到真正的和谐美,显然就要善于化解矛盾冲突,协调好不和谐因素。尼采在《悲剧的诞生》中说:"日神精神的潜台词是:就算人生是个梦,我们要有滋有味地做这个梦,不要失掉了这梦的情致和乐趣。酒神的潜台词是:就算人生是幕悲剧,我们要有声有色地演这幕悲剧,不要失掉了悲剧的壮丽和快慰。"沈从文用乡土小说探掘和谐美的人生态度是更加积极的,他不只是要活出人生梦的情致,活出悲剧壮丽的色彩,而且是要活出把握人生的妙悟。

金介甫在《沈从文传·引言》中指出:"只有耳聪目明的小说家,才能塑造出本乡本土上那批令人难忘的人物。沈从文的作品也刻划出了现代中国农村生活的整个面貌,甚至写出了20世纪人物的生存处境。然而,在他那些作品中,他又以地区形象为主,提供湘西的详细情况,作为人类世界的范例。"这说明,沈从文的乡土小说具有广泛的象征意义和博大的启示性,应该把它当作一部人类的寓言来读。人类崇尚和谐美。公元前800年左右,东方中国的美学思想家史伯就已经精辟地论述了"和谐为美";大约过了300年,西方希腊的哲学家毕达哥拉斯提出了第一个美学范畴就是和谐。和谐美早就成为人类追求的理想境界。沈从文则以其非凡的艺术创造力,把人类的这种理想演绎为更加贴近人类前途命运的诉求。沈从文乡土小说的和谐美,意蕴深厚,境界崇高,令人心仪,发人深思。遗憾的是,沈从文的沉重忧虑并非空穴来风,在很长时间里,很多人读异了沈从文的乡土小说,也读异了沈从文本人。有感于此,沈从文逝世之后,瑞典文学院院士、著名汉学家马悦然教授,在写给中国作家协会的信中,称沈从文是"一个名副其实的伟大作家,也是一个伟大的人",他的作品"是在寻求与全人类有关的问题的答案。对于我们所有的人来说，没有沈从文，世界就要贫乏得多！"①，沈从文对世界、对人类，实在是爱之弥深，思之弥多！这从他给夫人张兆和（昵称"三三"）的一封家书中也可以看得很清楚。他说："三三，我看久了水，从水里的石头得到一点平时好像不能得到的东西，对于人生，对于爱憎，仿佛全然与人不同了。我觉得惆怅得很，我总像看得太深太远，对于我自己，便成为受难者了，这时节我软弱得很，因为我爱了世界，爱了人类。"②就是这样一种高襟柔肠，撑托起了伟岸凛峻的文学巨人沈从文。

而还在人到中年的沈从文，就已经意识到他独辟的蹊径，会被视为一条"僻路"，他难免寂寞，难免被冷落，难免被人叫作"落后"。对此，他曾意味深长地说："两千年前的庄周，仿佛比当时多少人都落后一点。那些善于辩论的策士，长于杀人的将帅，人早死尽了，到如今，你和我读《秋水》《马蹄》时，仿佛面前还站有那个落后的衣着敝旧，神气落拓，面貌平常的中年人。"③今天，当"和谐社会""和谐世界"成为日益深入人心的重要理念时，我们面前仿佛就站着专笃而坚韧地探掘和谐美的文学家沈从文。我们不能不惊羡他超越时空的远见卓识，不能不为中国有这样一位文学家而感到骄傲和自豪。

---

① 商金林：《人事中杂糅的神性与魔性——沈从文和他的〈渔〉》，见温儒敏、姜涛：《北大文学讲堂》，中央编译出版社，2005年，第170—171页。

② 沈从文、张兆和：《从文家书——从文兆和书信选》，上海远东出版社，1996年，第62页。

③ 沈从文：《沉默》，《沈从文文集》（第10卷），花城出版社，1992年，第60页。

当今之世，人类因文明进步而掌握的高科技，能够为人类创造丰富的物质生活，但是人类的魔性，也比任何时候都更严重地威胁人类的生存和发展，成为人类"诗意地栖居"的大敌。人类生产的核武器，已经足够毁灭人类若干次；人口爆炸、环境恶化、大气变暖、资源短缺、恐怖袭击、疫情突发、文化冲突、民族矛盾等等不和谐因素，也都是对全世界全人类的严峻挑战。人们已经经常看到，各种突如其来而前所未有的危机，都要举全球之力才能应对和克服。人类有共同的地球，共同的世界，共同的梦想，而重中之重的是和谐。早在20世纪30年代，在谈到《边城》到底可以给读者什么时，沈从文说："……你接近我这个作品，也许可以得到一点东西，不拘是什么；或一点忧愁，一点快乐，一点烦恼和惆怅，多少总得到一点点。你倘若毫无成见，还可慢慢的接触作品中人物的情绪，也接触到作者的情绪，那不会使你堕落的！"[①]仅仅《边城》才会如此吗？当然不！沈从文对人类的生存和发展有非常强烈的忧患意识，他的乡土小说在表现人类崇尚和谐美的理想的同时，也展示了他上下求索和谐美，唤起人间为善心的心灵境界。他既"为人生远景凝眸"，也"向人类的智慧凝眸"[②]。这里蕴含着深沉的思考和殷切的期待：人类应该靠智慧来实现和谐美的梦想。因此，沈从文的乡土小说，无疑是他献给全人类的极其宝贵的精神财富。世界必须和谐，人类才有未来。

2009年10月

[①] 沈从文：《习作选集代序》，《沈从文全集》（第9卷），北岳文艺出版社，2002年，第5—6页。

[②] 凌宇：《沈从文传》，北京十月文艺出版社，1993年，第161页。

图书在版编目（CIP）数据

书田拾穗：一个出版人的阅读和编辑手记/刘逸著. ——海口：海南出版社，2019.9
ISBN 978-7-5443-8664-7

Ⅰ.①书⋯ Ⅱ.①刘⋯ Ⅲ.①出版工作-文集 Ⅳ.①G23-53

中国版本图书馆CIP数据核字（2019）第054521号

书田拾穗：一个出版人的阅读和编辑手记

作 者	刘 逸
责任编辑	符向明 熊 果
封面书画	刘光前
印刷装订	广西广大印务有限责任公司
出版发行	海南出版社
地 址	海口市金盘开发区建设三横路2号
邮 编	570216
电 话	0898-68567077
网 址	http://www.hncbs.cn
经 销	全国新华书店经销
出版日期	2019年9月第1版 2019年9月第1次印刷
开 本	880mm×1230mm 1/32
印 张	9.25
字 数	220千
书 号	ISBN 978-7-5443-8664-7
定 价	45.00元

【版权所有 请勿翻印、转载，违者必究】
如有缺页、破损、倒装等印装质量问题，请寄回本社更换